im Fokus

Tierethik

von Julia Palm
und Frank Keller

C.C.BUCHNER

von Julia Palm und Frank Keller

Das diesem Arbeitsheft zugrundeliegende Vorhaben wurde mit Mitteln des Bundesministeriums für Bildung und Forschung unter dem Förderkennzeichen 01GP1175 gefördert. Die Verantwortung für den Inhalt dieser Veröffentlichung liegt bei den Autoren.

1. Auflage, 3. Druck 2019
Alle Drucke dieser Auflage sind, weil untereinander unverändert, nebeneinander benutzbar.

Dieses Werk folgt der reformierten Rechtschreibung und Zeichensetzung. Ausnahmen bilden Texte, bei denen künstlerische, philologische oder lizenzrechtliche Gründe einer Änderung entgegenstehen. Auf verschiedenen Seiten dieses Buches finden sich Verweise (Links) auf Internetadressen. Haftungshinweis: Trotz sorgfältiger inhaltlicher Kontrolle wird die Haftung für die Inhalte externer Seiten ausgeschlossen.

Layout und Satz: HOCHVIER GmbH & Co. KG, Bamberg
Umschlag: HOCHVIER GmbH & Co. KG, Bamberg
Druck und Bindung: Elanders GmbH, Waiblingen

www.ccbuchner.de

ISBN 978-3-661-**22101**-4

Inhalt

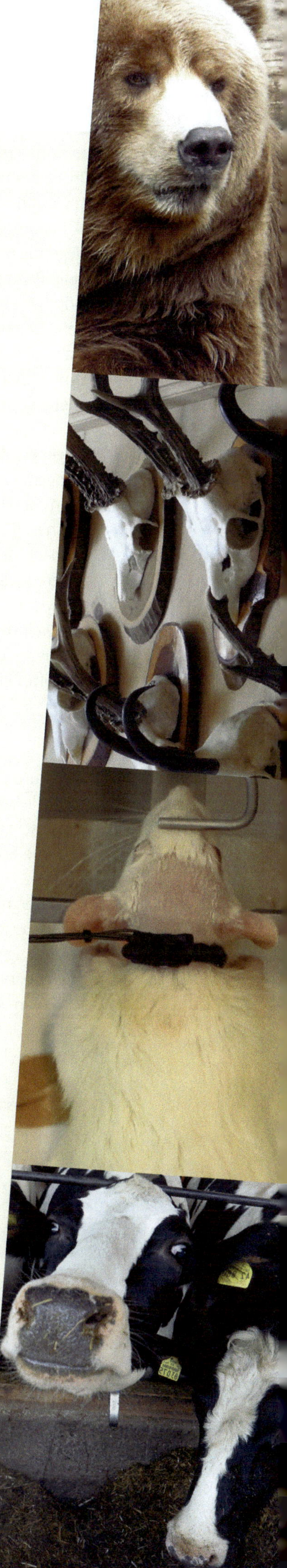

Geleitwort

Tiere sind in relativ kurzer Zeit zu einem Megathema unserer Gesellschaft geworden und viele Aspekte unserer Praxis im Umgang mit Tieren werfen ernste moralische Fragen auf. Dies allein zeugt von einem Gesinnungswandel, den man revolutionär nennen darf: Tiere haben einen festen Platz in unserer Ethik bekommen und der Unterricht in diesem Fach kann und darf am Thema nicht vorbeigehen. Der vorliegende Band bietet für eine adäquate Erschließung eine wertvolle Unterstützung.

Dr. Julia Palm hat eine Unterrichtshilfe konzipiert, die mit den einzelnen Einheiten die ganze Vielfalt praktischer Beziehungen zum Tier abbildet und zugleich in den einzelnen Einheiten die schwierigen Fragen aufgreift, die sich dabei stellen. Oft sind es massive Konflikte, die schwierig zu lösen sind, ja manchmal ausgesprochene Dilemmata, bei denen keine Antwort voll befriedigt. Die Fallgeschichten zeichnen auch lebendig nach, wie angesichts des Tieres Herz und Verstand in Widerstreit geraten können. Die didaktische Beratung erfolgte durch Frank Keller, Ethiklehrer an einem Gymnasium, der u. a. auch die Aufgabenstellungen erarbeitet hat. Sie lösen den Anspruch ein, Modelle und Strukturen vorzugeben, die die moralische Intuition zu ethischen Urteilen reifen lassen. Damit haben die konkreten Fragen nach den Tieren Modellcharakter.

Dr. Palm ist eine erfahrene Tierärztin und so führt dieser Band durch die Vielfalt der Weisen, in denen Menschen für Tiere verantwortlich sind. Ein Thema hält sich aber durch, nämlich die schmerzliche Frage nach dem Töten von Tieren, die mit der Haltung von Tieren verbunden ist. Dass die Haltung von Tieren selbst legitim ist, wird dabei vorausgesetzt; dass diese Legitimität bestritten wird, wird nicht verschwiegen, aber auch nicht eigens thematisiert. Das Werk bearbeitet Fragen, die sich in unserer Lebenswelt durch die existierenden Mensch-Tier-Beziehungen stellen.

Ich wünsche dem Band lebendige Aufnahme in den Unterricht und den Schülerinnen und Schülern ein gereiftes Urteil, das unserer hohen Verantwortung für die Tiere gerecht wird.

Peter Kunzmann   Jena, im Januar 2015

Vorwort

Im Zentrum des Arbeitshefts *Ethik im Fokus – Tierethik* steht das Thema Tiertötung, das aus ganz unterschiedlichen Perspektiven betrachtet wird. Ausgewählte Kurzgeschichten rund um Tierarztpraxen, Landwirtschaft, Zoo oder Labor stellen die Ausgangspunkte für Unterrichtseinheiten dar, in deren Verlauf die Schülerinnen und Schüler über einen rein emotional-intuitiven Zugang hinaus zu einem reflektierten Umgang mit den verschiedenen Aspekten der Tierethik angeleitet werden sollen.

Den Hintergrund für die Diskussion der Fallgeschichten aus der Praxis bildet die heutige philosophische Diskussion über die moralisch angemessene Behandlung von Tieren, die in den 1970er-Jahren ihren Anfang nahm. Ob sich das Leiden oder der Tod von Tieren für das menschliche Wohl rechtfertigen lässt, hängt wesentlich davon ab, welcher moralische Status Tieren im Vergleich zu Menschen zugeschrieben wird; die unterschiedlichen Positionen hierzu in der Tierethik sind deshalb als Grundlage für die Argumentation in einer Einführung überblicksartig dargestellt. In den vergangenen Jahren hat die tierethische Debatte stark an Aktualität gewonnen, wie nicht nur die wachsende Zahl an Publikationen zu dem Thema zeigt. Auch inhaltlich hat die Auseinandersetzung an Intensität zugenommen. Diesem Umstand trägt die Konzeption der Unterrichtseinheiten durch die sorgfältige und sehr aktuelle Materialauswahl Rechnung.

Grundsätzlich lassen sich in der Behandlung von Tieren völlig unterschiedliche Herangehensweisen beobachten: Während Hund Attila trotz Tumorleiden auf keinen Fall sterben darf, soll Kuh 81 abgepackt im Supermarkt möglichst wenig kosten. Auf der einen Seite werden (Haus-)Tiere vermenschlicht und erhalten kostenaufwendige lebensverlängernde Therapien. Auf der anderen Seite werden (Nutz-)Tiere zur Lebensmittelgewinnung mittels Zucht und Haltung technologisiert und die Tötung als „notwendig", „normal" oder auch „natürlich" gerechtfertigt. Speziell diese „Zweiklassenentwicklung" von Mensch-Tier-Beziehungen wird in den Geschichten des Arbeitsheftes auch mit aufgegriffen und zur Diskussion gestellt.

Ein umfassender Materialteil sowie die Aufgaben zu jeder Geschichte bereiten neben sachlichen Hintergrundinformationen vor allem die unterschiedlichen Perspektiven von Mensch(en) und Tier(en) auf den jeweiligen Konfliktfall auf. Jede Kurzgeschichte mit dem dazugehörigen Begleitmaterial kann unabhängig von der Reihe als eigenständige Einheit bearbeitet werden.

Tierethik – eine Einführung

Was ist Tierethik?

Tierethik stellt einen Teil der Angewandten Ethik und hier eine Bereichsethik der Bioethik dar. Tierethik stellt sich der Frage, ob Tiere grundlegend mit Würde und Rechten, mit Gefühlen und Empfindungen ausgestattet sind. Voraussetzungen also, die bedingen würden, dass der Mensch sie in seinem Handeln moralisch berücksichtigen müsste. Daran schließt sich im Weiteren die Frage an, ob und ggf. welche Konsequenzen dies hat, ob aus diesem Status beispielsweise explizit Rechte von Tieren abgeleitet werden müssen. Für die Tierethik ergibt sich daraus vor allem folgende Frage: Was gibt Menschen das Recht, Tiere zu halten und/oder zu nutzen, dadurch ggf. zu quälen, leiden zu lassen und schließlich zu töten? Das „Töten" umfasst dabei unterschiedliche Variationen, wie die Beispiele der acht Geschichten dieses Arbeitsheftes zeigen: Darf der Tierarzt töten, auf Verlangen der Halterin/des Halters, aus Gründen der Vernunft, um, wie im Tierschutzgesetz verankert, Schmerz, Leid und Schaden von einem Tier abzuwenden? Wie steht es mit der Tötung zum Nutzen des Menschen und für seine Ernährung? Darf ein Tier getötet werden, nur weil materielle Möglichkeiten zu seinem Weiterleben, zu seiner Heilung fehlen? Betrachtet man davon ausgehend nun, mit welcher Bereitschaft wir Menschen zwischen „Nutztier" und „Sporttier", zwischen „Haus- und Schmusetier" und „Ernährungstier" und zwischen schützenswertem „Zootier" und jagdlich zu nutzendem „Wildtier" unterscheiden, dann wird schnell deutlich: Menschen unterscheiden bzw. machen Unterschiede immer dann, wenn es der eigenen Argumentation dient, die doch meist von der Auffassung, mehr oder minder bewusst, getragen ist, dass erst der Mensch kommt – und dann das Tier.

Welche Positionen werden in der Tierethik vertreten?

Pflichtethik und Vernunftmoral

Immanuel Kant (1724-1804) sieht den Menschen in einer Sonderstellung, doch begründet er diese nicht religiös. Vielmehr sieht er die Würde des Menschen darin begründet, dass der Mensch selbst Anteil an der Welt der Vernunft habe und dies statte ihn mit diesem absoluten Wert der Vernunft aus. Kants Ansatz einer pflichtethischen (deontologischen) Ethik sieht, wie der Name es schon vermuten lässt, den Mensch nun aus seiner Vernunftbegabung heraus in der Pflicht. Auch wenn Kant sich nicht direkt zur Tierethik äußert, so ist doch folgende Konsequenz einleuchtend: Weil der Mensch als Vernunftwesen niemals allein ein Mittel zu etwas ist, sondern in seiner Existenz selbst den höchsten Zweck darstellt (sogenannte Selbstzweckformel), wäre es gegen seine Vernunft, wenn er Tiere misshandeln oder sich ihnen gegenüber grausam verhalten würde. Darin besteht nach Kant eine Gefahr der Verrohung, denn seiner Ansicht nach zeigt sich im Handeln eines Menschen gegenüber Tieren, die Kant ausdrücklich nicht als Vernunftwesen sieht, wie er sich (auch) menschlichen Personen gegenüber verhalten könnte.

Utilitarismus

Jeremy Bentham (1748-1832) betont, dass es nicht um eine Unterscheidung zwischen Menschen und Tieren gehe, sondern allein um die Frage, ob in das moralische Kalkül ein Wesen einzubeziehen sei, das leidensfähig ist. Und weil Tiere leiden könnten, Schmerzen empfänden, ihre Umwelt wahrnähmen und Gefühle hätten, seien sie aus moralischen Gründen in das Abwägen des eigenen Handelns einzurechnen, ganz so wie es der Utilitarismus in seinen Überlegungen zur Vermeidung von Leid und zur Vermehrung von Freude tut.

Benthams Voraussetzungen denkt in den 1970er Jahren der australische Philosoph Peter Singer (*1946) in letzter Konsequenz zu Ende: In seiner Schrift „Animal Liberation", erschienen 1975, stellt er eine eigenständige Tierethik vor, die auf dem Utilitarismus basiert. Singer geht davon aus, dass Tiere als Lebewesen mit Rechten ausgestattet seien und es in die Verantwortung des Menschen falle, diese Rechte grundlegend als gegeben anzunehmen, daran anschließend Tiere in der Wahrnehmung dieser Rechte zu unterstützen bzw. sie im Zweifel für sie wahrzunehmen. Singers Position des Präferenzutilitarismus nimmt grundsätzlich die Nutzenmaximierung für die maximale Zahl von Betroffenen als oberstes Ziel an. Dabei definiert er die Betroffenen als eine Gruppe von Individuen, die Leid empfinden können, die Interessen haben (Präferenzen) und die empfindungsfähig sind – und das schließt nach Singer Tiere ein. So will er auch den Begriff des ▸ Speziesismus verstanden wissen. Singer legt seiner Argumentation ein Gleichheitsprinzip zu Grunde, wonach bei unserem moralischen Abwägen die Interessen aller Betroffenen gleiches Gewicht haben und aus vernünftigen Gründen die Gruppe der Betroffenen nicht auf die eigene Spezies beschränkt bleiben könne.

Speziesismus

Unterschiede macht Singer aber da, wo es um das Töten von Tieren geht. Denn für ihn ist ein zentrales Kriterium, ob ein Wesen Selbstbewusstsein und einen Zukunftsbezug hat und ein spezifisches Interesse am Weiterleben artikulieren kann. Solche „Personen" können nach Singer auch Tiere sein, insbesondere Primaten. Alle Tiere, die diesem Personenbegriff nicht entsprechen, können, wenn Leid dadurch vermieden wird, getötet werden. Singer erntete hier viel Kritik, weil sein Personenbegriff zwar neu Menschenaffen umfasst, ganze Menschengruppen jedoch nicht (mehr). Ein Beispiel sind Komapatienten: Diese leben, aber ihren Lebenswillen zu artikulieren, sind sie nicht imstande. Nach Singer sind sie dann aber auch keine Personen – mit allen erläuterten Konsequenzen.

Mitleidsethik

Arthur Schopenhauer (1788-1860) stellt in seiner Mitleidsethik zunächst einen zu Kant gegenläufigen Ansatz vor, indem er davon ausgeht, dass moralisches Handeln sehr wohl auf empirische Motive zurückgehe. Wesentlich hier sei das Gefühl des Mitleids. Schopenhauer setzt dabei darauf, dass das eigene Erleben die Einstellung dem Altruistischen gegenüber grundlegend verändern kann: Aus dem (möglicherweise flüchtigen) Gefühl des Mitleids wird eine moralische Tugend. Aus dieser Tugend des Mitleids heraus müsse es dem Menschen im Umgang mit Tieren um die Rücksicht auf das Tier um seiner selbst willen gehen. Schopenhauer formulierte darum, dass Mitleid mit Tieren über die Güte des Menschen eine Aussage mache, denn der, der gegen ein Tier grausam sei, könne kein guter Mensch sein.

Arthur Schopenhauers mitleidsethischer Gedanke findet sich in ersten Ansätzen auch schon bei der englischen Philosophin Mary Wollstonecraft (1759-1797), die Tiere grundsätzlich als leidens- und gefühlsfähige Wesen einstuft, was beim Menschen ein gefühlsbezogenes Verhältnis zu Tieren auslöse. Gegen Ende des 19. Jahrhunderts gibt Henry Stephens Salt in seiner Schrift „Animal Rights Considered in Relation to Social Progress" (1892) auf die Frage, ob Tiere Rechte hätten, die seiner Ansicht nach einzig logische Antwort: Ja, denn wenn Menschen Rechte hätten, dann hätten auch Tiere solche.

Wo steht die Debatte um Tierethik heute?

Innerhalb der Tierethik stehen ganz allgemein zwei Perspektiven im Zentrum der Debatte: Unter dem Stichwort „Tierschutz" wird die Frage diskutiert, wie Tiere zum Nutzen für uns Menschen verwendet werden dürfen. Fragen der artgerechten Haltung, die Umstände der Schlachtung oder der Verwendung von Tieren in Tierversuchen stehen hier im Mittelpunkt. Insgesamt werden umweltethische Perspektiven beleuchtet, die auf die Verantwortung des Menschen für die gesamte ihn umgebende Umwelt ausgerichtet sind, also über die Tiere hinaus ausdehnbar auf Pflanzen, „niedere" Wesen und den Schutz von ganzen Landschaften. Unter dem Stichwort „Tierethik" wird hingegen ein viel allgemeinerer und weiter ausgreifender Ansatz einer ökologischen Ethik thematisiert, der die Frage stellt, ob alle Organismen (vom kleinsten Bakterium bis zum größten Tier) grundsätzlich mit Werten, beispielsweise dem Wert der Würde, ausgestattet sind, was deren unbedingte Einbeziehung in die moralische Abwägung unseres Handelns bedeuten würde.

Beispielhaft für die Tierethik-Debatte im deutschsprachigen Raum können Ursula Wolf und Helmut F. Kaplan genannt werden. Die Philosophin Ursula Wolf (*1951), die u. a. an die englische Philosophin Mary Wollstonecraft sowie an Arthur Schopenhauer anknüpft, geht von einem grundlegenden

Mitleid aus und sieht den Menschen in eben dieser Mitleidensfähigkeit dazu aufgefordert, mit dem Tier als eines leidensfähigen Wesens mitzufühlen und Konsequenzen für das eigene Tun und Lassen abzuleiten. Daraus ergibt sich, so sieht dies auch Kaplan, keine zwingende Zuordnung zu einer anthropo-, patho- oder biozentrischen Haltung. Keine dieser Positionen komme um die Erkenntnis herum, aus der Tatsache, dass ein Lebewesen leidensfähig und darum in die Sphäre der moralisch zu Berücksichtigenden einzubeziehen sei, Konsequenzen für das eigene Handeln ableiten zu müssen. Auch wenn Einigkeit darüber herrscht, dass nichtmenschlichen Tieren gegenüber moralische Verpflichtungen anzuerkennen seien, so spaltet sich die weiterführende Argumentation dennoch auf: Eine Linie argumentiert weiterhin hierarchisch: Auch wenn Tiere aus moralischen Gründen in unser Tun und Lassen einzuberechnen seien, so würde dies dennoch eine Verwendung von Tieren zur Befriedigung menschlicher Bedürfnisse nicht ausschließen (so etwa Carl Cohen, 2001). Die andere Linie hingegen argumentiert egalitaristisch, also auf einen Gleichheitsgedanken in der Ausstattung mit Würde bei Mensch und Tier fußend: Eine Vorrangstellung des Menschen und eine daraus abzuleitende Ungleichbehandlung von Mensch und Tier sei moralisch nicht zu begründen (so etwa Peter Singer, 1975, und Tom Regan, 2001). Dies klärt den Begriff, der hier in die Kritik an der hierarchischen Sichtweise eingebracht wird: Bei aller Diskussion der Frage, ob Tiere grundsätzlich mit Würde ausgestattet und damit in die Sphäre der moralisch zu Berücksichtigenden einzubeziehen seien, bleibe die Argumentation doch immer anthroporelational, also eine erstrangig auf den Menschen und seine Bedürfnisse ausgerichtete Moral. Dieser Kritik schließt sich der Philosoph und Autor Helmut F. Kaplan (*1952) an, der letztlich einen konsequenten Veganismus als einzig moralisch zu vertretende Haltung des Menschen gegenüber seiner Umwelt ansieht. Kaplan schlägt, in Anlehnung an Peter Singer und Tom Regan, eine „Einfache Ethik" vor, die davon ausgeht, dass nichts und niemand wegen seiner natürlichen Eigenschaften, egal welcher Spezies, diskriminiert werden dürfe. Er sieht seinen ethischen Ansatz darum als eine Befreiungsbewegung für Tiere, diese sei analog zur Befreiung der Sklaven und Frauen zu sehen. Entsprechend dieses Befreiungsgedankens wirft er all denjenigen, die für ein „weniger Fleisch" argumentieren, Inkonsequenz vor, weil allein ein „kein Fleisch" moralisch vertretbar sei. In diesem Sinne äußerte sich 2014 Friederike Schmitz (Humboldt-Universität Berlin) in einer Diskussion mit Herwig Grimm (Universität Wien), in der sie einen konsequenten Verzicht jeder Nutzung tierischer Produkte postuliert. Grimm kritisierte den Veganismus, der nur eine Problemminderung, nicht aber eine Lösung darstelle, weil es einen Lebensstil ohne Tierleid nicht gebe. Auch das Umpflügen eines Feldes für vegane Kost töte Tiere.

Abschließend sei auf den deutschen Philosophen Norbert Hoerster (* 1937) verwiesen, der als eine grundlegende Kritik an der gesamten Tierrechtsdebatte, auch in Anlehnung an Peter Singer, darlegte, dass es keine rechtsphilosophische, metaphysische oder religiöse Begründung für die Rechte von Tieren geben könne. Allein die Fähigkeit des Menschen, altruistisch zu denken und zu handeln, könne die Rücksicht des Menschen auf seine Umwelt begründen.

Der Mensch und seine Umwelt: vier Positionen

Begriffserklärungen:

Eigenwert: Etwas um seiner selbst willen achten.

Inhärenter Wert: Wir schätzen etwas um seiner Gegenwart willen.

Instrumenteller Wert: Wert, den es um etwas anderen willen zu achten gilt.

In der Umweltethik gibt es unterschiedliche Ansichten darüber, wem gegenüber wir verantwortlich sind oder anders gesagt, welches die Objekte „moralischer Verpflichtung" sind. Haben wir Menschen, Tieren und Pflanzen mit gleichem Respekt zu begegnen, sind wir ihnen gleichermaßen moralisch verpflichtet? Oft sind wir uns unserer Haltung nicht bewusst, aber sie beeinflusst unsere Entscheidungen im Alltag. Je nach Ansicht können wir bei Fragen des Umweltschutzes verschiedene Lösungsansätze vertreten. Artenschutz beispielsweise hat nicht für alle Menschen den gleichen Stellenwert. Es hängt unter anderem davon ab, ob man sich Menschen und Tieren gleichsam verpflichtet fühlt oder nicht. Im Folgenden werden die wichtigsten Grundpositionen der Umweltethik vorgestellt. Diese Ansätze sollen Sie dabei unterstützen, sich Ihrer eigenen Werthaltungen bewusst zu werden.

Anthropozentrismus

Der Anthropozentrismus besagt, dass moralische Verpflichtungen (nur) gegenüber Menschen beziehungsweise Personen bestehen. Der Mensch nimmt einen signifikanten Vorrang vor anderen Lebewesen ein, weil nur der Mensch sich die Welt in menschlichen Begriffen erschließen könne und alle Werte vom Menschen ausgehen. Natur- und Umweltschutz haben aber dennoch eine Bedeutung für Anthropozentriker: Einerseits hänge die Erfüllung menschlicher Grundbedürfnisse von natürlichen Bedingungen ab. Zerstört der Mensch die Natur, zerstört er seine eigenen Lebensgrundlagen. Damit wird der Natur ein instrumenteller Wert zugeschrieben. Andererseits sei die Natur Quelle angenehmer körperlicher und seelischer Empfindungen. Der Mensch schätze die Natur um ihrer Ästhetik, um ihrer Gegenwart willen. Somit wird der Natur auch ein inhärenter Wert zugesprochen. Nicht zuletzt spielt auch noch ein pädagogisches Argument eine Rolle – ein verrohender Umgang mit der Natur habe auch negative Auswirkungen auf den Umgang mit Mitmenschen.

Konkret: Kakerlakenplage in der Küche – wie handelt ein Anthropozentrist? Er sieht die Kakerlaken kaum als notwendigen Bestandteil zur Erhaltung seiner Lebensgrundlagen. Angenehme Empfindungen lösen sie auch nicht aus. Er könnte sich demnach dazu entschließen, sie los zu werden. Davon abhalten könnte ihn wohl einzig die Angst, dass das Töten von Kakerlaken negativ auf seinen Umgang mit Menschen abfärbt. Im Falle von Kakerlaken wird diese Überlegung wohl wenig Gewicht haben. Bei Hunden oder Katzen sähe es anders aus.

Wie stellen Sie sich zur Frage: Haben andere Lebewesen keinen Eigenwert?

Pathozentrismus

Der Pathozentrismus bietet auf obige Frage teilweise eine Antwort, indem er den Kreis der Verantwortung erweitert. Moralische Verpflichtungen bestehen (nur) gegenüber empfindungsfähigen Wesen, das heißt konkret Menschen und „höheren" Tieren. Je nach Komplexität verdienen Lebewesen einen besseren Schutz. Tiere zum Beispiel, die leidensfähig sind, genießen höheren Schutz als Tiere, die es nicht sind. Zu den leidensfähigen Tieren gehören in der Regel alle Wirbeltiere. Nach demselben Kriterium gebührt aber dem Menschen gemäß Pathozentrismus ein nochmals höherer Schutz.

Konkret: Kakerlakenplage in der Küche – wie handelt der Pathozentrist? Ist eine Kakerlake ein „höheres", empfindungsfähiges Lebewesen? – Wohl kaum. Demnach würde auch ein Pathozentrist ohne große Skrupel versuchen, die Kakerlaken zu vernichten.

Wie stehen Sie dazu, die Kakerlake als „niederes" Lebewesen zu betrachten und zu vernichten?

Biozentrismus

Gemäß dem Biozentrismus bestehen moralische Verpflichtungen gegenüber allen Lebewesen (der „belebten Natur") und nur gegenüber diesen. Biozentristen nehmen an, dass der Mensch in einem Kontinuum von Gemeinsamkeiten mit anderen Naturwesen steht. Alle Lebewesen verfügen gemäß Biozentrismus über einen Eigenwert. Sie verfügen über ein eigenes Gut, welches gefördert oder geschädigt werden könne. „Eigenes Gut" meint das interne Funktionieren aller Teile eines Lebewesens und das Intaktsein von externen Beziehungen zu anderen Lebewesen und zur Umwelt. Es gilt, jedes Lebewesen zu respektieren, egal ob wir es mögen, es für hässlich, eklig, schön oder nützlich erachten.

Konkret: Kakerlakenplage in der Küche – wie handelt der Biozentrist? Grundsätzlich hat auch die Kakerlake für den Biozentristen einen Eigenwert. Es gilt, sie zu respektieren. Vernichten darf er sie deshalb nicht. Er könnte nur versuchen, sie mit einem Köder anzulocken und dann aus der Küche in die Natur zu verfrachten.

Und die Schnecke im Gemüsebeet, das Unkraut zwischen den Blumen? Wie gehe ich als Biozentrist/Biozentristin damit um? Argumentieren Sie!

Physio- und Ökozentrismus

Den Vertretern dieser Position geht es nicht mehr nur um die Lebewesen wie Menschen, Tiere und Pflanzen. Nein, alles, was in der terrestrischen und außerterrestrischen Natur vorkommt, soll um seinetwillen moralisch berücksichtigt werden. Es geht also auch um tote natürliche Materie (Steine, Rohstoffe etc.). Dabei gibt es zwei Varianten: den individualistischen Ökozentrismus und den Holismus. Für erstere Variante gilt, dass alle individuellen Einheiten, einschließlich der Steine richtig oder falsch behandelt werden können. Der Holismus wiederum versteht die Natur als System, welchem moralische Bedeutung zukommt. Das heißt, kollektiven Einheiten, wie beispielsweise Ökosystemen, sind wir moralisch verpflichtet.

Konkret: Kakerlakenplage in der Küche – wie handelt ein Physio-/Ökozentrist? Es gilt die Kakerlake zu respektieren – als individuelle Einheit, aber auch als Teil eines ganzen Systems. Er wird sie also nicht vernichten, sie aber wie der Biozentrist aus der Küche zu locken versuchen.

Anthropozentrismus (gr. *anthropos* = der Mensch)	Nur der Mensch hat moralischen Wert. *Naturschutz = Schutz des Menschen*
Pathozentrismus (gr. *pathos* = Leidenschaft, Leiden)	Alle empfindungsfähigen Tiere verdienen Rücksicht um ihrer selbst willen. *Naturschutz = Vermeidung von unnötigem Leiden*
Biozentrismus (gr. *bios* = das Leben)	Alles Lebendige verdient Rücksicht um seiner selbst willen. *Naturschutz = Schutz alles Lebendigen*
Physio- und Ökozentrismus: Holismus (gr. *holos* = ganz, vollständig)	Die ganze Natur verdient Rücksicht um ihrer selbst willen. *Naturschutz = Schutz überorganischer Ganzheiten (Ökosysteme)*

Alltag in der Tierklinik: Was wird aus Charly?

Der ca. 5 Jahre alte Kater Charly ist der Familie Bermann, die in bescheidenen Verhältnissen lebt, vor drei Jahren zugelaufen. Die ganze Familie hat Charly, dessen früherer Besitzer nicht zu ermitteln war, von Anfang an ins Herz geschlossen, vor allem die drei Kinder hängen sehr an dem Tier. Auch Charly fühlt sich in seinem neuen Zuhause rundum wohl und genießt vor allem die abendlichen Streicheleinheiten auf dem Schoß von Frau Bermann.

Seit kurzem aber ist der Kater viel unruhiger als sonst und sucht häufig die Katzentoilette auf, nur um ein paar Tropfen Harn abzusetzen. Familie Bermann hofft zunächst, dass sich das Problem von allein behebt. Als Charly eines Abends aber zusätzlich erbricht und sich anschließend unter das Bett verkriecht, fährt Herr Bermann mit ihm in die Notfallsprechstunde der naheliegenden Tierklinik. Dort angekommen wird Charly nach kurzer Wartezeit untersucht. Der Tierarzt stellt eine riesige gefüllte Harnblase fest. Im Röntgenbild zeigt sich, dass die gesamte Harnblase mit Harnsteinen gefüllt ist, so dass der produzierte Urin nicht ausgeschieden werden kann. Dieser Zustand ist äußerst schmerzhaft und Charly müsste sofort einen ▸ Harnkatheter bekommen, damit der Urin endlich abfließen kann. In den nächsten Tagen müssten dann die Harnsteine schnellstmöglich operativ entfernt werden. Die ▸ Prognose des Tierarztes für das akute Problem ist dabei gut. Es könnte aber sein, dass trotz OP und anschließender Futterumstellung in Zukunft wieder Harnsteine entstehen, die eine weitere OP notwendig machen würden. Der Kostenvoranschlag beläuft sich auf 400-500 Euro einschließlich Notfallaufschlag, ▸ Harnkatheter, Medikamente und OP mit Nachsorge.

Harnkatheter

Prognose

Herr Bermann ist verzweifelt. Erst vor kurzem hat er seine Arbeit als Mechaniker verloren und die Familie lebt nun vom Arbeitslosengeld. Seine Frau ist mit dem jüngsten Kind, das erst ein halbes Jahr alt ist, zu Hause; das Geld ist knapp. Wo soll er da nur ein paar hundert Euro für den Tierarzt hernehmen? Schweren Herzens bittet Herr Bermann den Tierarzt darum, Charly einzuschläfern. Der Tierarzt ist hin- und hergerissen. Eigentlich handelt es sich ja um einen jungen Kater und eine heilbare Erkrankung mit guter ▸ Prognose. Andererseits kann er die schwierige Lage, in der sich Herr Bermann befindet, natürlich verstehen. Und wieder auf einer offenen Rechnung eines Kunden sitzen bleiben, möchte er auch nicht. Wie soll er sich jetzt entscheiden?

M1 Auszug aus dem Bürgerlichen Gesetzbuch

§ 90

Begriff der Sache

Sachen im Sinne des Gesetzes sind nur körperliche Gegenstände.

§ 90a

Tiere

Tiere sind keine Sachen. Sie werden durch besondere Gesetze geschützt. Auf sie sind die für Sachen geltenden Vorschriften entsprechend anzuwenden, soweit nicht etwas anderes bestimmt ist.

www.gesetze-im-internet.de/bgb/

M2 Auszug aus dem Tierschutzgesetz

§ 1

Zweck dieses Gesetzes ist es, aus der Verantwortung des Menschen für das Tier als Mitgeschöpf dessen Leben und Wohlbefinden zu schützen. Niemand darf einem Tier ohne vernünftigen Grund Schmerzen, Leiden oder Schäden zufügen.

§ 17

Mit Freiheitsstrafe bis zu drei Jahren oder mit Geldstrafe wird bestraft, wer

1. ein Wirbeltier ohne vernünftigen Grund tötet oder
2. einem Wirbeltier
a) aus Rohheit erhebliche Schmerzen oder Leiden oder
b) länger anhaltende oder sich wiederholende erhebliche Schmerzen oder Leiden zufügt.

www.gesetze-im-internet.de/tierschg/

M3 Auszug aus dem „Codex veterinarius"

Weil Tierschutzorganisationen immer wieder kritisiert hatten, dass sich Tierärzte und Tierärztinnen nur halbherzig für den Tierschutz einsetzen würden, gründeten interessierte Tierärzte und Tierärztinnen 1985 die „Tierärztliche Vereinigung für Tierschutz" (TVT), die sich für die konsequente und fachgerechte Umsetzung des Tierschutzes einsetzt. 1998 wurde der „Codex veterinarius" veröffentlicht (2009 überarbeitet). Darin verpflichten sich die Mitglieder der TVT zum aktiven Einsatz für den Tierschutz und zur Einhaltung ethischer Leitsätze.

Präambel

Tierärzte haben durch die ihnen vom Gesetzgeber zugeteilte Sachverständigenrolle im Tierschutz eine besondere ethische Verantwortung für das empfindungs- und leidensfähige Tier. Sie sollen durch ihr Fachwissen den Tierschutz voranbringen und das Wohlbefinden der Tiere verbessern und dabei die neuesten Erkenntnisse der Veterinärmedizin, der ▸ Ethologie, der Tierhaltung, der Tierfütterung und der Tierzucht berücksichtigen. Tierärztliches Handeln zum Wohl und Schutz der Tiere muss von der Grundhaltung der Achtung vor dem Leben und dem Bewusstsein geleitet werden, dass Tiere einen Eigenwert und damit eine Würde besitzen, die es zu respektieren gilt. [...] Bei der Wahrnehmung der ethischen Verantwortung im Rahmen der Abwägung von gegensätzlichen Interessen und Bedürfnissen bewerten sie die Interessen des Menschen **nicht grundsätzlich** höher als die des Tieres. Unter ethischen Gesichtspunkten gilt für Tierärzte die Forderung, dass bei der Haltung und Nutzung von Tieren diese nicht nur einen Anspruch auf Freiheit von Schmerzen und Leiden haben, sondern auch auf das Vorhandensein von Wohlbefinden. In allen Zweifelsfällen sollen sich Tierärzte in ihrem Handeln von dem Grundsatz leiten lassen: **In dubio pro animale** [Im Zweifel für das Tier].

Ethologie

Dritter Leitsatz des „Codex veterinarius"

Tierärzte sollen vor jeder tierärztlichen Tätigkeit, die die physische, psychische und soziale Unversehrtheit des Tieres beeinträchtigen könnte, die Frage nach der ethischen Vertretbarkeit für eine potentielle Beeinträchtigung stellen, wobei berufspolitische Interessen dem Tierschutz nicht übergeordnet werden dürfen.

Töten von Tieren

Der Tierarzt steht bei der Ausübung seiner beruflichen Tätigkeit im Zusammenhang mit dem Töten von Tieren oft zwischen materiellen Zwängen und ethischer Verantwortung. Dabei erfordert das Einstehen für die eigene ethische Überzeugung häufig Zivilcourage.

Glossar des „Codex veterinarius"

Interessen: Analog zu bestimmten Interessen des

Ethologie

Menschen sind auch anderen empfindungsfähigen Lebewesen entsprechend ihrer Entwicklung Interessen zuzuerkennen. Die ‣ Ethologie kennt dafür zahlreiche Beispiele, etwa das Interesse am eigenen Wohlbefinden und nach Erhalt des Lebens.

Wert: Tiere besitzen als Lebewesen und Mitgeschöpfe einen Eigenwert, der unabhängig vom Nutzwert für den Menschen ist.

Wohlbefinden: Wohlbefinden ist ein Zustand körperlicher und seelischer Harmonie des Tiers in sich und mit der Umwelt. Regelmäßige Anzeichen des Wohlbefindens sind Gesundheit und ein in jeder Beziehung normales Verhalten. Zum Wohlbefinden des Tieres gehört die physische und psychische Gesundheit ebenso wie eine tiergerechte Umweltqualität, die es dem Tier ermöglicht, ein in jeder Hinsicht normales, artgemäßes Verhalten zu entwickeln. Dazu muss das Tier aber ungestört, artgemäß und verhaltensgerecht leben können.

Würde: Die Würde des Tieres ergibt sich aus seinem Eigenwert und beruht auf der Einmaligkeit als Lebewesen und dass Mensch und Tier gleichermaßen miteinander auf ein und der selben Welt existieren. Die Würde des Menschen verpflichtet ihn, die Würde des Tieres zu achten. Beispiele für die Verletzung der Würde des Tieres sind die Reduzierung desselben auf seinen reinen Nutz- oder Prestigewert oder Formen der Zurschaustellung mit Lächerlichmachung. Es verbietet sich, Tiere allein zum Nutzen des Menschen zu gebrauchen (z. B. zur Lebensmittelproduktion, als Lebenspartner, zur Zurschaustellung, zu Versuchszwecken inkl. gentechnischer Veränderung), ohne den Eigenwert der Tiere angemessen zu beachten.

Zivilcourage: Zivilcourage ist der aktive Einsatz für rechtlich und moralisch als richtig Erkanntes, der eigene wirtschaftliche und soziale Nachteile riskiert.

Ingrid Kuhlmann-Eberhart/Thomas Blaha, Codex Veterinarius der Tierärztlichen Vereinigung für Tierschutz e. V., S. 5, 6, 21 und 22-25

M4 Interview mit einer Tierärztin

Dr. Nina Merten hat ihr Tiermedizinstudium 2009 an der Freien Universität zu Berlin abgeschlossen. Seitdem ist sie als Kleintierärztin in einer Klinik für kleine Haustiere in Berlin beschäftigt.

Frau Dr. Merten, seit wann wissen Sie, dass Sie Tierärztin werden wollen?

Schon seit ich 10 oder 11 Jahre alt war. Später gab es eine kurze Phase, in der ich eine andere Richtung einschlagen wollte. Letztendlich habe ich dann aber doch Tiermedizin studiert.

Was war für Sie die Motivation, Tierärztin zu werden?

Ich mag Tiere und wollte Tieren helfen.

Haben sich Ihre Erwartungen an den Beruf erfüllt?

Im Großen und Ganzen ja. Erfüllt hat sich, dass ich vor allem mit Hunden und Katzen zu tun habe und ihnen auch oft helfen kann. Nicht erwartet hatte ich, dass mit dem Beruf so viel Stress und Verantwortung verbunden sind.

Was ist für Sie das Schönste am Tierarztberuf?

Wie ich schon gesagt hatte, dass man viel mit Tieren zu tun hat. Hier aber eben nicht nur mit kranken, sondern auch mit gesunden Tieren wie zum Beispiel in der Impfsprechstunde, wo auch häufig Welpen vorgestellt werden. Besonders schön ist es, wenn man einem kranken Tier helfen kann und es ihm anschließend wieder gut geht.

Und was ist das Schlimmste?

Schlimm ist, wenn ich einem Tier nicht helfen kann und es vielleicht sogar einschläfern muss. Das ist vor allem wirklich schlimm, wenn das Tier schon lange mein Patient war und ich es im Laufe der Zeit bereits in mein Herz geschlossen habe.

Krankheitsursachen von Tieren sind häufig durch nicht tiergerechte Zucht und Haltung dem Menschen zuzurechnen. Betrachten Sie es als Ihre Aufgabe, solche Fehler durch Therapien zu korrigieren?

Es kommt drauf an, worum es sich handelt. Wenn ein Tier zum Beispiel zu dick ist, spreche ich auf jeden Fall mit dem Besitzer und berate ihn hinsichtlich einer Diät, damit sich in Zukunft etwas ändert. Bei züchterischen Krankheitsursachen wie den Atembeschwerden von kurznasigen Rassen kann ich ja in dem Moment durch Kritik am Halter nichts mehr für das Tier ändern. Mich weigern, das Tier zu behandeln, würde ich nicht.

Als Tierärztin befinden Sie sich häufig im Spannungsfeld zwischen ökonomischen Eigeninter-

essen, dem Wohl des Tieres und den Wünschen des Tierhalters. Welcher dieser drei Punkte entscheidet letztendlich über Ihre Wahl der Behandlung?**

Das Tierwohl entscheidet letztendlich über meine Wahl. Allerdings gibt es Situationen, in denen mir die Hände gebunden sind. Wenn ein Tierbesitzer sein leidendes Tier partout nicht einschläfern lassen möchte, dann muss ich das akzeptieren. Auch wenn der Tierhalter finanziell begrenzt ist, kann ich eventuell nicht so handeln, wie ich mir das wünschen würde.

Wie oft kommt es vor, dass Sie ein Tier einschläfern müssen?

Ungefähr 1-2 im Monat, es gab aber auch schon Notdienste, in denen ich gleich 3 schwerkranke Tiere einschläfern musste.

Euthanasie

Die aktive Sterbehilfe beim Menschen ist in Deutschland rechtlich nicht erlaubt. Betrachten Sie die Möglichkeit zur ▸ Euthanasie in der Veterinärmedizin als Fluch oder Segen?

Als Segen, denke ich. Man macht es ja nur, wenn es unbedingt notwendig ist und in den Fällen ist man dann froh darüber, dass man es darf. Wenn ein Tier unheilbar erkrankt ist und keine Lebensqualität mehr hat, muss man es als Erleichterung für das Individuum sehen. Allerdings muss man wirklich aufpassen, dass man nicht vorschnell handelt. Ein negativer Aspekt ist sicherlich, dass auch Tiere aufgrund von finanzieller Not seitens des Tierbesitzers eingeschläfert werden dürfen, obwohl es möglich wäre, dieses Tier mit dem entsprechenden finanziellen Aufwand zu retten.

Wenn Sie die Wahl hätten, würden Sie wieder Tierärztin werden?

Hier habe ich von Kollegen nicht selten Gegenteiliges gehört, aber ich würde diese Frage uneingeschränkt mit „Ja" beantworten.

Vielen Dank für das Gespräch!

Interview: Julia Palm

M5 Berufsbild der Tierärztin / des Tierarztes

a) Das Computerspiel „Meine Tierklinik"

Später einmal Tierarzt werden – davon träumen viele Kinder. Das Computerspiel „Meine Tierklinik" (Braingame Publishing, geeignet ab acht Jahren) gibt ihnen die Möglichkeit, ein wenig in den Beruf hinein zu schnuppern.

In dem Spiel müssen über 100 Krankheiten erkannt und richtig behandelt werden. Die Tiere werden dabei stationär aufgenommen und in den Gehegen der Klinik gepflegt. Für ein schnelles Gesundwerden ist dabei die richtige Behandlung ebenso wichtig wie der Kuschelfaktor. Spielen mit den Tieren gehört daher zu den täglichen Aufgaben. Mit dem Behandlungsgeld müssen außerdem Gehege eingerichtet sowie neue Instrumente und Tierfutter gekauft werden. Wie das alles funktioniert, hat Anna-Lena [...] getestet. [...] „Die Tiere sehen genauso aus wie in echt auch. [...] Aber im Großen und Ganzen ist das Spiel toll. Vor allem wegen der süßen Tiere."

Das sagt die Redaktion

„Meine Tierklinik" ist ein spannendes und lehrreiches Computerspiel, das sich bemüht, den Beruf der Tierärztin realitätsgetreu wiederzugeben. Zahlreiche Aufgaben und Aktionsmöglichkeiten machen das Spiel zu einer Herausforderung. Besonders gut: Der Spieler muss sich seine Strategie genau überlegen und abwägen, wie er am besten Geld für Behandlungen einnimmt. Zudem muss er entscheiden, ob er sein Geld für Instrumente oder Futter ausgibt, um möglichst gut behandeln zu können.

Zeige dein Können als Tierarzt. In: Hessische/Niedersächsische Allgemeine (HNA), 01.11.2014

b) Internetseite www.berufe-lexikon.de

Der Tierarzt/die Tierärztin befasst sich mit der Gesunderhaltung von Tieren. Zu den gängigen Aufgaben eines Tierarztes gehören u. a. die Behandlung von Wunden, Infektionen, Zeckenbissen oder Knochenbrüchen sowie auch das Kastrieren und Sterilisieren, Impfen und manchmal das Einschläfern eines Tieres.

Neben der Behandlung kranker Tiere können Tierärzte aber auch tätig sein in der Tierseuchenbekämpfung und -verhütung, dem Tierschutz und der Lebensmittelüberwachung.

Um Tierarzt/Tierärztin werden zu können, ist ein abgeschlossenes Studium der Veterinärmedizin erforderlich. Grundvoraussetzung hierfür ist die allgemeine oder fachgebundene Hochschulreife. Kann eine besondere Qualifikation z. B. durch eine entsprechende Ausbildung nachgewiesen werden, ist manchmal ein Studium ohne diese Zugangsbedingungen möglich.

Nach dem Studium der Tiermedizin stehen den Absolventen verschiedene Beschäftigungsmöglichkeiten offen. Sie können in Tierarztpraxen oder -kliniken entweder Groß- und Nutztiere oder Haus- und Heimtiere behandeln. Aber auch Zoos, Veterinärämter, Verbraucherschutzministerien sowie Hochschulen und Forschungszentren benötigen Tierärzte. Im Umgang mit Tieren sind Einfühlungsvermögen, Geduld und teilweise auch Körperkraft wichtig. Einen geregelten Arbeitsalltag gibt es für Tierärzte auf dem Land nicht. Oft müssen sie z. B. nachts oder an Wochenenden helfen, ein Fohlen, Kalb oder Lamm zur Welt zu bringen.

Christine Leube. In: http://www.berufe-lexikon.de

AUFGABEN ZU T1

1 Fassen Sie in Ihren Worten zusammen, welche Fragen sich Herr Bermann und der Tierarzt beantworten müssen. > T1

2 Herr Bermann und der Tierarzt wollen bei ihrer Entscheidung strikt die Gesetzeslage befolgen. Erläutern Sie, wie bei Anwendung der entsprechenden Paragraphen die Entscheidung Herrn Bermanns und des Tierarztes aussehen müsste. > M1/M2

3 Charlys Tierarzt ist Mitglied der „Tierärztlichen Vereinigung für Tierschutz" (TVT), deshalb gilt für ihn der „Codex veterinarius". Aus diesem Grund hat er sich geweigert, Charly einzuschläfern, dabei Herrn Bermann aber eine Ratenfinanzierung der Gesamtkosten angeboten. Herr Bermann ist darauf allerdings nicht eingegangen und hat die Tierklinik mit Charly verlassen, ohne den Kater behandeln zu lassen. Nun trifft der Tierarzt in einer kurzen Pause auf eine Kollegin, mit der er diesen Fall nochmals durchspricht. Gestalten Sie diesen Dialog unter Einbeziehung des „Codex veterinarius". > M3

4 Im „Codex veterinarius" finden sich zwei sehr zentrale Begriffe, nämlich „Wert" eines Tieres und „Würde" eines Tieres. Die Diskussion um diese beiden Begriffe ist noch lange nicht zu Ende geführt. Recherchieren Sie im Internet den Stand der philosophischen und politischen Diskussion im Rahmen der Tierethik. > M3

5 Analysieren Sie, welche Grundsätze das Handeln von Dr. Nina Merten bestimmen. Stellen Sie nun in Vertretung für Dr. Merten Kriterien auf für den idealen Tierbesitzer/-halter, die ideale Tierklinik und die ideale Tierärztin bzw. den idealen Tierarzt. > M4

6 Hat jemand von euch ein Haustier und/oder kennt einen Tierarzt bzw. eine Tierärztin? Dann stellt doch eurer Tierärztin/eurem Tierarzt einige der Fragen des Interviews und bringt die Antworten wieder in den Unterricht ein. > M4

7 Tierarzt – ein Traumberuf? Arbeiten Sie zunächst heraus, wie in den Materialien M5 das Berufsbild des Tierarztes dargestellt wird. Recherchieren Sie anschließend im Internet, was zu einem realistischen Berufsbild „Tierärztin/Tierarzt" gehört, beispielsweise auf den Seiten der Bundesagentur für Arbeit (www.berufenet.arbeitsagentur.de). > M5a/M5b

Das Aus einer Sportkarriere: Endstation Rossbratwurst?

Endlich Unterrichtsschluss! Die 16-jährige Natalie verstaut das Mathebuch in der Schultasche, verlässt das Schulgebäude und läuft im Eiltempo zur Haltestelle, um den Bus zum Reiterhof rechtzeitig zu erreichen. Seit nunmehr vier Jahren hat sie eine Reitbeteiligung und fährt mindestens zweimal wöchentlich zum Reiterhof, um Ställe zu misten, Pferde zu striegeln und als Gegenleistung auf der rotbraunen Hannoveraner Stute Aurora zu reiten. Aurora ist ein zehn Jahre altes hochkarätiges Springpferd, mit dem sein Besitzer bereits auf etlichen Turnieren Schleifen und Pokale gewonnen hat. Vor ein paar Monaten jedoch begann die Stute regelmäßig bei Trainingsbeginn zu lahmen. Wenig später diagnostizierte der Tierarzt im Sprunggelenk eine Arthrose, eine Schädigung des Knorpelgewebes. Mit dieser Diagnose war Auroras Karriere als Springpferd unversehens beendet. Zwar könne sie noch als Reitpferd genutzt werden, so der Tierarzt. Der starken Belastung aber, der sie beim Springreiten ausgesetzt ist, würde sie keinesfalls mehr standhalten.
Während Natalie im Bus sitzt, rekapituliert sie das gestrige Telefongespräch mit dem Pferdebesitzer. Dieser möchte seinem Hobby, dem Springreiten, selbstverständlich auch weiterhin nachgehen. Er schaut sich deshalb nun nach einem neuen geeigneten Pferd um. Damit ist für ihn jedoch auch klar, dass er Aurora nicht behalten kann: Den Unterhalt von zwei Pferden könne er sich schlicht nicht leisten. Die Boxenhaltung und das Futter für ein Pferd seien monatlich schon genauso teuer wie seine Wohnungsmiete, die doppelten Kosten könne er nicht stemmen. Einen Abnehmer für das kranke Tier habe er nicht finden können, auch die Gnadenhöfe, bei denen er angefragt hatte, mussten passen – sie würden ohnehin schon aus allen Nähten platzen. Eine Einschläferung durch den Tierarzt mit anschließender Entsorgung des Tierkörpers wäre recht kostenaufwendig. Er spiele deshalb nun mit dem Gedanken, Aurora zum Schlachthof zu bringen. Nur so würde unterm Strich sogar noch Geld übrig bleiben, das er für das neue Pferd gut gebrauchen könnte. Für Natalie eine unerträgliche Vorstellung: Ihre geliebte Aurora soll als Rossbratwurst enden, obwohl sie doch immer noch so ein tolles Reitpferd ist! Inzwischen ist Natalie am Ziel angekommen und verlässt den Bus. Als sie in den Waldweg zum Reiterhof abbiegt, schießen ihr die Tränen in die Augen angesichts der Erinnerung an die Debatte mit ihrem Vater, die sich an das Telefonat angeschlossen hatte. Weinend hatte sie ihn angefleht, das Pferd

übernehmen zu dürfen. Jede freie Minute würde sie für Aurora opfern, und auch einen Nebenjob annehmen, um Geld dazu zu verdienen. Ihr Vater hatte zwar Mitleid und Verständnis gezeigt, sich jedoch nicht umstimmen lassen. Ein Pferd sei einfach zu teuer, vor allem die laufenden Unterhalts- und Tierarztkosten könne die Familie auf Dauer nicht aufbringen, da helfe auch ein Nebenjob von Natalie nicht viel weiter. Als Natalie auf den Koppelzaun zugeht, fällt ihr Blick sofort auf die rotbraune Stute, die sich ihr etwas steif und ungelenk, aber freudig wiehernd nähert. Zärtlich streichelt Natalie ihre Nüstern und gräbt ihr Gesicht tief ins weiche Fell. Auch wenn sie bisher nicht weiß, wie sie es anstellen soll, ist sie fest entschlossen, Aurora noch nicht aufzugeben.

M1 Auszug aus dem Bürgerlichen Gesetzbuch

§ 90

Begriff der Sache

Sachen im Sinne des Gesetzes sind nur körperliche Gegenstände.

§ 90a

Tiere

Tiere sind keine Sachen. Sie werden durch besondere Gesetze geschützt. Auf sie sind die für Sachen geltenden Vorschriften entsprechend anzuwenden, soweit nicht etwas anderes bestimmt ist.

www.gesetze-im-internet.de/bgb/

M2 Auszug aus dem Tierschutzgesetz

§ 1

Zweck dieses Gesetzes ist es, aus der Verantwortung des Menschen für das Tier als Mitgeschöpf dessen Leben und Wohlbefinden zu schützen. Niemand darf einem Tier ohne vernünftigen Grund Schmerzen, Leiden oder Schäden zufügen.

§ 2

Wer ein Tier hält, betreut oder zu betreuen hat, […] muss das Tier seiner Art und seinen Bedürfnissen entsprechend angemessen ernähren, pflegen und verhaltensgerecht unterbringen […].

§ 17

Mit Freiheitsstrafe bis zu drei Jahren oder mit Geldstrafe wird bestraft, wer

1. ein Wirbeltier ohne vernünftigen Grund tötet oder
2. einem Wirbeltier
   a) aus Rohheit erhebliche Schmerzen oder Leiden oder
   b) länger anhaltende oder sich wiederholende erhebliche Schmerzen oder Leiden zufügt.

www.gesetze-im-internet.de/tierschg/

M3 News aus dem Pferdesport

Hans-Dieter Dreher hat das Eröffnungsspringen im Rahmen des Finales der Longines Global Champions Tour in Doha gewonnen. Der 42-jährige Rheinfelder absolvierte beide Runden mit Callisto fehlerfrei und lag in 28,88 Sekunden letztlich knapp vor Ali Yousef Al Rumaihi auf Gunder, der 29,10 Sekunden benötigte. Dritter wurde der Katari Khalid Mohammed AS Al Emadi auf Utascha SFN in 30,11 Sekunden. Vor zwei Jahren hatte Dreher bereits den Global Champions Tour Grand Prix in Chantilly auf Magnus Romeo gewonnen – nun will er […] im Grand Prix von Doha mit dem elfjährigen Callisto nachziehen. Dreher lobte das Pferd, ein richtiger Kämpfer zu sein – und sehr schnell. Ob Callisto auch am Freitag zum Einsatz kommt, konnte er aber noch nicht sagen. Sicher sei nur der Start am Samstag im Grand Prix. Christian Ahlmann erreichte mit Codex One am Freitag den 18. Platz, Daniel Deußer wurde mit Pironella 21. Und Marco Kutscher mit Van Gogh landete auf Rang 35. Im Finale am Samstag hat Ludger Beerbaum als Spitzenreiter mit 12 Punkten Vorsprung auf den Schweden Rolf-Göran Bengtsson gute Chancen, den Gesamtsieg der Longines Global Champions Tour zu feiern. Allerdings wird er aus Vorsicht nicht mit Chiara starten, die eine leichte Kolik hat, sondern auf Zinedine setzen.

Felix Mattis. In: www.eurosport.com, 14.11.2014

M4 Verantwortung eines Tierhalters

a) Gnadenhof für Pferde und Ponys

Seit 14 Jahren betreibt Annemarie Hendricks den Oppumer Verein für notleidende Pferde und Ponys, besser bekannt als Gnadenhof Oppum. Geht die Weidesaison im Herbst zu Ende, landen besonders viele Tiere auf ihrem Bauernhof an der Hauptstraße 366.

„Die Menschen haben immer weniger Geld, und die Kosten für einen Stallplatz und Futter sind natürlich hoch. Das sollte man eigentlich bei der Anschaffung eines Pferdes bedenken. Aber nicht immer wird soweit gedacht", weiß Annemarie Hendricks aus leidvoller Erfahrung. 52 Tiere betreut der Verein zurzeit. Die Pferde würden im Herdenverband gehalten und dürften so oft es geht auf die Weide, versichert die Tierschützerin. „Jedes Pferd hat einen Kollegen an seiner Seite, manchmal auch gleich mehrere. Das ist wichtig, da die meisten Tiere aus schlechter Haltung kommen und schon sehr viel mitgemacht haben. Sie müssen erst wieder lernen, den Menschen in ihrer Umgebung zu vertrauen", sagt Hendricks. Nicht selten muss der Verein hohe Medikamenten- und Tierarztkosten stemmen, um die gesundheitlichen Schäden zu behandeln, die durch falsches oder zu wenig Futter, schlechte Haltung oder Misshandlung entstanden sind.

Eine große Hilfe ist dabei die Unterstützung durch den Bund deutscher Tierfreunde, der dafür sorgt, dass immer genug Futter vorhanden ist. „Aber wir brauchen wirklich jede Hilfe, die wir kriegen können, sei es finanziell oder auch als Sachspende", erklärt die Pferde-Freundin. Nur dann sei es auch weiterhin möglich, notleidenden Pferden eine Zuflucht zu bieten.

Tiere, die auf dem Hof wieder zu Kräften gekommen sind, werden meist als so genannte Beistell-Pferde vermittelt. Beistell-Pferde sind Tiere, die einem Artgenossen Gesellschaft leisten. Selten können diese Tiere noch geritten werden. Zu schwer sind meist die körperlichen oder seelischen Verletzungen, die selbst durch die liebevollste Pflege nicht mehr zu beheben sind. „Wir geben unsere Pferde gegen eine Schutzgebühr und nur mit Schutzvertrag ab. Die neuen Halter müssen sich zudem bereiterklären, mit uns in Kontakt zu bleiben. Schließlich wollen wir wissen, wie es den Tieren im neuen Zuhause geht und sie auch mal besuchen", sagt Annemarie Hendricks. Zwischen drei Monate und 42 Jahre alt sind die Pferde, die zurzeit auf dem Gnadenhof leben. Das Fohlen jedoch war ein „kleines Überraschungsei". Seine Mutter war so abgemagert, als sie auf den Hof kam, dass niemandem aufgefallen war, dass sie trächtig ist. „Es kommt leider häufiger vor, dass sich Halter von ihren trächtigen Tieren trennen, da sie die Mehrkosten durch das Fohlen scheuen", sagt Annemarie Hendricks. Der Verein bekommt neue Schützlinge aber auch durch Veterinäre, die diese Tiere wegen schlechter Haltung konfiszieren. Hendricks: „Zurzeit ist unsere Kapazität voll. Trotzdem rufen fast täglich Leute an, die uns ihre Tiere geben wollen. Auch wenn wir im Moment leider ablehnen müssen, zeigen uns diese Anrufe, wie sehr wir gebraucht werden."

Bärbel Kleinelsen. In: www.rp-online.de, 25.10.2014

b) Die Pferdeklappe

Babyklappen für Mütter und Babys in Notsituationen sind längst etabliert und verbreitet. Aber eine Pferdeklappe? Der 2013 gegründete Verein Pferdeklappe e.V. in Schleswig-Holstein hat eine solche eingerichtet.

Wenn man genauer über die Pferdeklappe nachdenkt, dann ergibt sich die Überlegung, für wen diese Einrichtung eigentlich wirklich ist. Für Pferde? Oder doch eher für Menschen? Wohl für beide, denn es sind Menschen in Not, die plötzlich nicht mehr für ihre Tiere aufkommen können. Sie sind in finanzielle Not geraten, können den Tierarzt nicht mehr bezahlen oder gar das Futter. Die meisten Tiere werden dementsprechend in den futterkargen Wintermonaten abgegeben. Manche Besitzer sind krank geworden und können ihre großen Vierbeiner nicht mehr versorgen. Trotz ihrer Not bringen sie es nicht übers Herz, das Pferd sofort zu verkaufen oder sie finden keinen Käufer. Und dann den alten Weggefährten zum Schlachter bringen? Für die meisten ein unmöglicher Gedanke. Es ist auch fraglich, ob der Schlachter es nimmt. Ein altes und wohlmöglich krankes Tier gehört nun einmal nicht in die Wurst. Der Verein Pferdeklappe e.V. versteht sich als Notaufnahme für Menschen, die mit ihren Tieren nicht mehr ein und aus wissen – das ist auf keinen Fall zu verwechseln mit einem Gnadenhof, auf dem alte Tiere abgegeben und so „entsorgt" werden können.

Viele Besitzer, die ihre Pferde hier abgeben, schämen sich für ihre Not. Daher darf die Ablieferung des Tieres anonym erfolgen. [...] Die Besitzer werden allerdings dazu angehalten, eine Nummer anzurufen und zu sagen, dass sie ihr Tier in der Pferdeklappe abgegeben haben. Wenn auch der Name des bisherigen Halters nicht wichtig ist, sind es Informationen über das abgegebene Tier umso mehr. Petra Teegen und ihre Helfer müssen wissen, ob es Krankheiten hat, in irgendeiner Weise verhaltensauffällig ist, ob es geimpft und wie alt es ist. Ist dieser Anruf erfolgt, machen sich die Helfer sofort auf den Weg zur Weide, um das Tier dort abzuholen. Dann geht es erstmal in die Quarantäne und der Tierarzt wird gerufen. Diese Fürsorge kostet Zeit und Geld. Letzteres muss durch Spenden zusammenkommen. [...] 4-6 Wochen lang kann sich der Besitzer noch melden und sein Tier wieder abholen. Dann muss er für die entstandenen Kosten, die das Pferd verursacht hat, aufkommen. Ist diese Frist abgelaufen, wird das Tier verkauft. So können zum Beispiel Reitanfänger günstig an ein ehemaliges Turnierpferd kommen, das optimal eingeritten ist. Oder man kann auf diese Weise günstig ein Pferd oder Pony für die neue eigene Kutsche erstehen. Alte Pferde können durchaus noch eingesetzt werden. Auch sie brauchen Beschäftigung und wollen gern noch arbeiten.

Christianne Nölting. In: www.voll-der-norden.de, 19.07.2013

M5 Die Optionen für Aurora

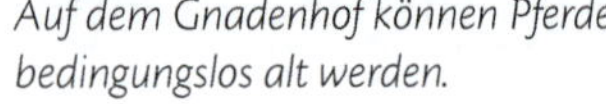

Auf dem Gnadenhof können Pferde bedingungslos alt werden.

Marktwagen auf einem Berliner Wochenmarkt.

M6 „Wenn Pferd draufsteht, wird Pferdefleisch auch gekauft"

Am Genuss von Pferdefleisch scheiden sich die Geister: Die einen ekeln sich, für andere ist es besonderer Genuss. Im Vorjahr [2013] hatten Produzenten Verbrauchern falsch deklarierte Konserven und Tiefkühlwaren wie Lasagne mit Pferdefleisch untergejubelt. „Das war kriminell. Verbraucher wollen Ehrlichkeit. Für den Skandal waren Panscher verantwortlich", sagt Rossschlachtermeister Frank Plaumann aus Prenzlau (Uckermark).

Seine Befürchtungen, dass sein Berufsstand durch den Skandal in Misskredit gerate, seien aber nicht eingetroffen. „Wir haben mehr Kunden als früher", ist Plaumann mit dem Absatz zufrieden. Plaumann [...] führt in dritter Generation die Rossschlachterei. Jedes Tier, das er schlachtet, verarbeitet und verkauft, nimmt er persönlich in Augenschein. Bei ihm enden Pferde, die für die Zucht nicht mehr geeignet sind oder keine Leistung mehr bringen. Der Skandal habe sich erstaunlicherweise sehr positiv auf sein Geschäft ausgewirkt. „Wir sind nicht die Panscher", sagt er. „Wir sind die, die Pferd als Pferd deklarieren." Als Lebensmittelhersteller habe er eine Verantwortung für seine Produkte und gegenüber den Kunden. Plaumann konnte sich in seinem Betrieb über mehr Umsatz und Absatz freuen. Von den Neukunden seien etwa 70 bis 80 Prozent dabei geblieben. „Aber einem 13-jährigen Mädchen, das Pferde liebt, kann man nicht vermitteln, Pferdebuletten zu essen", räumt er ein. [...] Pferdefleisch werde streng untersucht, stellte Plaumann klar. Pferde dürften nur geschlachtet werden, wenn sie einen gültigen Pass haben, in denen die Medikamentenvergabe festgehalten sei. Zudem werde jedes Tier vor der Schlachtung von einem amtlichen Fleischbeschauer begutachtet. Dann würden Proben genommen.

Pferdefleisch sei sehr mager, enthalte wenig oder kaum Fett, plädiert er für den Genuss. „Eine schöne Roulade von einem dicken Haflinger, fein marmoriert, ist das beste, was ich auf dem Teller haben kann", sagt er. Traditionell gut laufen nach seinen Angaben im Laden Buletten, Rouladen und Gulasch. Außerdem seien 15 bis 20 Wurstsorten im Angebot: von Bockwurst über Bierschinken zu Salami. „Wir kommen mit der Produktion manchmal gar nicht hinterher", betont er.

Gudrun Janicke. In: www.nordkurier.de, 12.02.2014

M7 Statistik zum Fleischkonsum in Deutschland

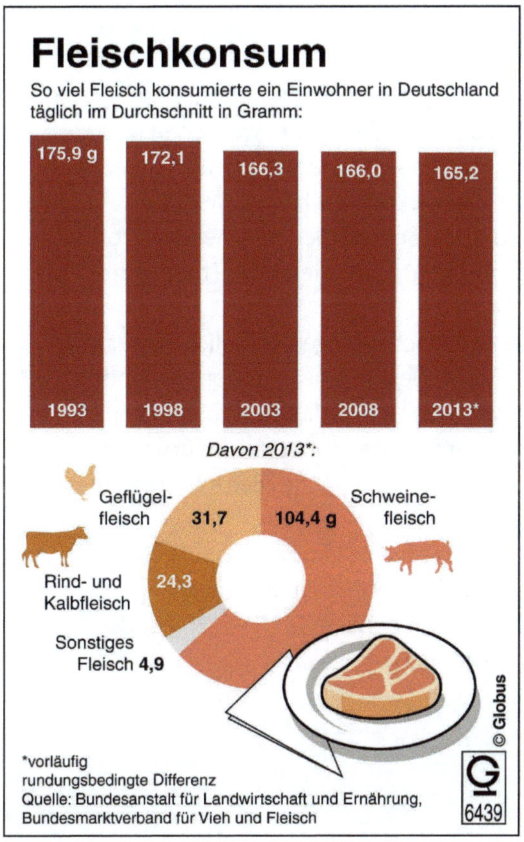

Fleischkonsum

So viel Fleisch konsumierte ein Einwohner in Deutschland täglich im Durchschnitt in Gramm:

1993	1998	2003	2008	2013*
175,9 g	172,1	166,3	166,0	165,2

Davon 2013*:

- Schweinefleisch 104,4 g
- Geflügelfleisch 31,7
- Rind- und Kalbfleisch 24,3
- Sonstiges Fleisch 4,9

*vorläufig
rundungsbedingte Differenz
Quelle: Bundesanstalt für Landwirtschaft und Ernährung, Bundesmarktverband für Vieh und Fleisch

© Globus 6439

M8 Pferdefleischskandal

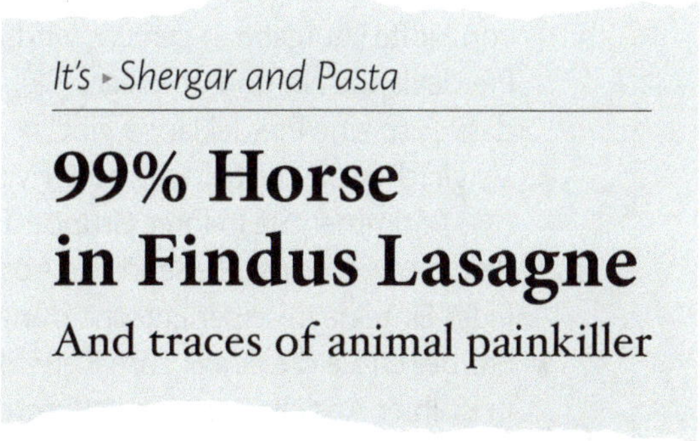

It's ▸ Shergar and Pasta

99% Horse in Findus Lasagne

And traces of animal painkiller

Shergar

The Sun, 08.02.2013

NEUER LEBENSMITTEL-SKANDAL

Pferdefleisch in unserem Essen!

BILD-Zeitung, 14.02.2013

Lebensmittelskandal

Angst vor Pferdefleisch grassiert

www.handelsblatt.com, 12.02.2013

AUFGABEN ZU T2

1. Die Beziehung „Mensch und Pferd" gehört in unserer Gesellschaft traditionell zu den besonderen Mensch-Tier-Beziehungen, ähnlich wie „Mensch und Hund". Erarbeiten Sie, beispielsweise in Form einer Mindmap, einen Überblick über die vielen Rollen, die Pferd und Mensch in dieser Beziehung einnehmen. Gestalten Sie hierzu gemeinsam ein Plakat.
2. Arbeiten Sie aus dem Text heraus, was Natalie bzw. Auroras Besitzer letztlich jeweils wichtig ist. Stellen Sie der jeweiligen Position die Gesetzeslage vergleichend gegenüber. > T2/M1/M2
3. Otfried Höffe schreibt im „Lexikon der Ethik", die Verantwortung sei die „Zuständigkeit *von* Personen *für* übernommene Aufgaben bzw. *für* das eigene Tun und Lassen [...] *vor* einer Instanz, die Rechenschaft fordert: z. B. vor einem Gericht, vor dem Mitmenschen, auch vor dem Gewissen". Wenden Sie diese Definition von Verantwortung auf die Frage an, was in Zukunft mit Aurora geschehen soll. > T2/M1/M2
4. Ein professioneller Springreiter hat sicherlich eine ganz eigene Beziehung zu seinem Pferd. Erarbeiten Sie mit Hilfe Ihres Plakats aus Aufgabe 1, welche Rolle in dieser Beziehung das Pferd hat. Überlegen Sie sich auch, was wohl der professionelle Springreiter machen würde, wenn eines seiner Pferde den gleichen Befund wie Aurora hätte. > T2/M3
5. Prüfen Sie genau, inwiefern ein „Gnadenhof für Pferde" dem Verantwortungsbegriff von Höffe (Aufgabe 3) gerecht wird. Beziehen Sie dazu auch den Text zum Verein Pferdeklappe ein und überlegen Sie, welche Bedeutung es für Ihre Urteilsbildung hat, dass es so eine Pferdeklappe gibt. > M4a/M4b
6. Vergleichen Sie die beiden Bilder (M5) und informieren Sie sich über Pferdefleisch (M6). Stimmen Sie in Ihrer Gruppe ab, welches Schicksal Sie Aurora wünschen und diskutieren Sie anschließend das Abstimmungsergebnis, vor allem die Gründe, die jeder Einzelne in seiner Entscheidung besonders berücksichtigt hat. > M5/M6
7. Erarbeiten Sie die Grafik zum Fleischkonsum und die Schlagzeilen der Medien. Worin ist Ihrer Ansicht nach ein Zusammenhang zu sehen? Formulieren Sie Thesen und diskutieren Sie diese gemeinsam. > M7/M8
8. Fleisch essen – oder eben nicht. Es gibt für beide Entscheidungen sicherlich viele individuelle, ethische, medizinische und weitere Motive. Bereiten Sie in Gruppen (Moderation – Pro-Fleischkonsum – Contra-Fleischkonsum) eine Podiumsdiskussion vor, besetzen Sie dazu die Rolle einer Moderatorin/eines Moderators, einer Befürworterin/eines Befürworters des Fleischessens und einer Befürworterin/eines Befürworters einer vegetarischen/veganen Ernährung.
9. Sie können Ihrer Podiumsdiskussion (Aufgabe 8) eine kleine Umfrage voranstellen. Gestalten Sie dazu einen knappen Fragebogen zu Gewohnheiten der Ernährung mit bzw. ohne Fleisch. Führen Sie dann einige Interviews in der Schule, deren Ergebnisse Sie in die Vorbereitung der Gruppen einbinden können.

T3

Der Wert eines Tierlebens: Attila darf nicht sterben …

Im Wartezimmer der Kleintierpraxis „Am Schwalbengrund" sitzt Frau Berger mit ihrem neunjährigen Beagle Attila und wartet darauf, von der Tierärztin aufgerufen zu werden. Attila war bisher nie richtig krank; der Tierarztbesuch mit ihm beschränkte sich deshalb bislang auf die regelmäßigen Tollwutimpfungen. Nun macht sich Frau Berger aber große Sorgen, denn Attila, der immer gut gefressen hat, erbricht seit ein paar Tagen sein Futter. Auch ist er viel schlapper als sonst und spielt nicht mal mehr mit seinem Lieblingsball. Frau Berger hat keine Kinder und lebt allein mit Attila in einem großen Haus mit Garten. Die 55-Jährige liebt Attila über alles und nimmt ihn sogar jeden Tag mit ins Büro, wo er unter ihrem Schreibtisch schläft und wartet, bis sie gemeinsam nach Hause gehen können.

Die Tierärztin macht zuerst eine Allgemeinuntersuchung und auch sie muss feststellen, dass Attila wenig interessiert an der Umgebung und bereits ziemlich ausgetrocknet ist. Sein Fell glänzt nicht mehr so schön und er hat zwei Kilogramm abgenommen seit der letzten Impfung vor acht Monaten. Die Ergebnisse einer Röntgen- und einer Ultraschalluntersuchung sind dann für Frau Berger ein Schock: Attila hat einen Herztumor, der inzwischen so groß geworden ist, dass er auf die Speiseröhre drückt, was wahrscheinlich die Ursache für sein Erbrechen ist. Die Tierärztin klärt Frau Berger über die ▸ Prognose und die Therapiemöglichkeiten auf. Eine OP am Herzen kommt für diesen Tumor nicht mehr in Frage, denn man könnte ihn in dieser Größe nicht mehr vollständig entfernen. Die OP wäre somit erfolglos und würde nur große Schmerzen für Attila und hohe Kosten für Frau Berger mit sich bringen. Eine ▸ symptomatische Therapie könne zwar vorerst die Schmerzen lindern, das Erbrechen unterdrücken und Attilas Zustand für einen ungewissen Zeitraum verbessern. Es wird aber sehr wahrscheinlich auf Attilas Tod hinauslaufen, da der Tumor weiter wachsen wird, so die Tierärztin. Attila auf diese Weise sterben zu lassen, könnte zu einem qualvollen Erstickungstod führen. Die Tierärztin rät deshalb, Attila in diesem Zustand und mit der schlechten ▸ Prognose einzuschläfern. Frau Berger stimmt mit der Tierärztin darin überein, dass eine OP für Attila unzumutbar ist. Der Gedanke, Attila einschläfern zu lassen, ist für sie jedoch unerträglich. Sie stellt sich vor, dass sie allein zurück in ihr großes leeres Haus gehen müsste und keiner mehr da wäre, der ihr Liebe und Aufmerksamkeit schenkt wie Attila. Obwohl sie ihrem Hund mit dem Tod durch die Spritze ein längeres Leiden ersparen könnte und gegen den Rat der Tierärztin, entscheidet sich Frau Berger für eine Weiterbehandlung. Diese besteht aus einer ▸ Flüssigkeitstherapie und einer dauerhaften Behandlung gegen Übelkeit und Schmerzen. Zwei Stunden später schließlich geht Frau Berger gemeinsam mit Attila, neuen Fütterungsanweisungen und einer Tasche voller Medikamente wieder nach Hause.

Prognose

symptomatische Therapie

Flüssigkeitstherapie

M1 Der richtige Zeitpunkt

Aus medizinischer Sicht ist der richtige Zeitpunkt gekommen, wenn …

… es keine Aussicht auf Heilung mehr gibt.

… der Patient trotz bestmöglicher Behandlung Schmerzen hat und haben wird.

… weitere Behandlungen nur noch ein „Hinauszögern“ sind – im Interesse des trauernden Menschen und nicht im Interesse des leidenden Tieres. Das gilt zum Beispiel auch manchmal dann, wenn die Tragweite der Erkrankung für die Tierbesitzer noch nicht ganz zu erkennen ist […].

… weitere Behandlungen zu noch größerem Leiden führen würden (zum Beispiel manche Formen der ▸ Chemotherapie – aber auch ▸ paramedizinische Behandlungsmethoden, die „von der Hoffnung, nicht aber von Fakten leben“).

Chemotherapie
paramedizinische Behandlungsmethode

… nicht-therapierbare Erkrankungen wie Virusinfektionen bei Katzen oder Tumorerkrankungen mit Therapieverfahren nicht mehr in den Griff zu bekommen sind.

… die Möglichkeiten, soziale Kontakte aufzunehmen, schwinden, der Appetit nachlässt, die Tiere sich nicht mehr selbst reinigen und sauber halten und nicht mehr bewegen können.

Das Verhältnis zum Tod könnte von Mensch zu Mensch nicht unterschiedlicher sein. Die einen verlieren schon beim bloßen Gedanken an ein totes Tier völlig die Fassung, andere nehmen es cool und distanziert. Manchmal stellt sich die Frage nach Sterbehilfe nicht: dann nämlich, wenn es allzu offensichtlich ist, dass alles keinen Sinn mehr macht. Fast immer ist aber die Entscheidung beim eigenen Tier ein Wechselbad der Gefühle. Vor allem mit der Vorstellung, „über Leben und Tod zu entscheiden“, kommen viele Tierbesitzer nicht klar. Es fallen Sätze wie: „Ich kann doch nicht den lieben Gott spielen“. Und selbst wenn die Besitzer wissen und einsehen, dass die Entscheidung nicht nur unumgänglich, sondern auch dringend ist, fällt es extrem schwer, die Verantwortung dafür zu übernehmen. Es tauchen immer wieder bei allen die gleichen Fragen auf: Ist „jetzt“ der „richtige“ Moment gekommen? Wann wird es soweit sein? Und woran erkenne ich das? Kann nicht vielleicht doch noch ein Wunder geschehen? Ist es nicht noch zu früh? Oder gar schon zu spät? Diese Fragen werfen uns auf das zentrale Problem der ▸ Euthanasie zurück: Wir bestimmen über Leben und Tod, wir entscheiden, ob der Zeitpunkt gekommen ist oder nicht, wir wählen an Stelle unseres Tieres das, was in unseren Augen „das Beste“ für es ist. Eine der häufigsten Fragen in diesem Zusammenhang ist: Welches ist der „richtige Zeitpunkt“? Meine Antwort lautet: Es gibt ihn nicht.

Euthanasie

Henrik Hofmann. In: TIERethik. 6. Jahrgang 2014/1 Heft 8, S. 53-54

M2 Was ist ein Tierleben wert?

Was ist ein Katzenleben wert? Mindestens 10 000 US-Dollar. Jedenfalls für Thomas Rätsch (35). So viel ist der hannoversche Journalist und Medizinstudent bereit auszugeben, damit Kater Maxi (7) weiterleben kann. […] Maxi ist sehr krank: chronische Nierenschwäche […] lautet die Diagnose der Tierärztlichen Hochschule – da hilft nur eine neue Niere. Die gibt's für Maxi wohl nur in den Vereinigten Staaten.

„Die TiHo riet uns: sofort einschläfern. Wir waren schockiert“, sagt Rätsch. Der „Haus“-Tierarzt jedoch erklärte, es gebe noch Möglichkeiten – so kam die Transplantationsidee auf. Angesichts der Kosten von umgerechnet mehr als 7000 Euro war die Rückmeldung im Freundeskreis einhellig: „Die sagten alle: Bist du bescheuert? Das ist doch bloß eine Katze!“ Doch Maxi sei „nicht einfach nur eine Katze. Er ist ein vollwertiges Familienmitglied. Für ihn würden wir alles tun!“, erklärt Rätsch. Als sie ihn vor drei Jahren im Tierheim sahen, „war es Liebe auf den ersten Blick“.

Rätsch ahnt, dass es auch schnell 20 000 Dollar kosten kann – mit Flug, Tierklinikaufenthalt und allem Drum und Dran. Genau weiß er das nicht – er kennt niemanden, der das mal gemacht hat. Doch „das ist nebensächlich. Dann fahr ich halt kleinere Autos, oder die Harley muss dran glauben.“ Auch vor den Folgekosten ist ihm nicht bange: Er rechnet mit etwa 100 Euro monatlich für Medikamente. Der Kater müsste – wie ein transplantierter Mensch – sein Leben lang Arznei schlucken, damit die körpereigene Abwehr die neue Niere nicht angreift.

Nun, wo kommt die neue Niere her? Es wird eine gesunde Spenderkatze gebraucht – die findet sich dann in irgendeinem Tierheim in den USA. Das sei einfacher als beim Menschen: Es genügten wenige Übereinstimmungsmerkmale. Natürlich kann so eine Katze nicht gefragt werden: Willst du spenden? Das sei schon ethisch fragwürdig, gibt Rätsch zu. Doch etwas beruhigt sein Gewissen: „Das sind Katzen, die sowieso bald getötet würden – und wir verpflichten uns, die Spenderkatze zu adoptieren." Früher seien in den USA Spendertiere gezüchtet worden; das sei wohl vorbei und er halte es für „moralisch eher verwerflich". Abgesehen davon macht der angehende Humanmediziner aber „keinen Unterschied zwischen Tier- und Menschenleben. Was würde denn ein Menschenleben wertvoller machen?"

Ralph Hübner. In: www.neuepresse.de, 25.10.2010

M3 Intensivmedizin bei Haustieren

Chemotherapie

Was sich bei der Behandlung von menschlichen Patienten bewährt hat, hält immer öfter Einzug in die Tiermedizin. So bekommen Hund und Katze inzwischen Prothesen und auch ▸ Chemotherapie. Tierärzte geraten dabei in neue ethische Konflikte. Mit immer neuen Behandlungsmöglichkeiten in der Tiermedizin wächst nach Ansicht des Jenaer Philosophen Peter Kunzmann die Vermenschlichung von Hund und Katze. Zudem öffnen sich neue ethische Konflikte für Tierärzte. „Es gibt Tierbesitzer, die ihren Vierbeiner nicht loslassen können und ihn so eisern durchbehandeln lassen wollen, wie es nur geht", sagt Kunzmann. „Mitunter mutet er dann seinem Tier ein schmerzvolles Siechtum zu." Dabei gerieten die Veterinäre in eine Zwickmühle. Denn derjenige, der sie bezahlt, ist nicht ihr Patient.

Aber Hund und Katze haben längst soziale Funktionen übernommen und sind für manchen Tierfreund Partner- oder Kindesersatz. Aus Angst, das Tier zu verlieren, ließen manche ihren treuen Gefährten bis zuletzt intensivmedizinisch behandeln, weiß Kunzmann. Der Experte leitet am Ethikzentrum der Universität Jena das Projekt „Die Gestaltung des tiermedizinischen Fortschritts im tierärztlichen Berufsethos". Viele für den Menschen entwickelte Behandlungsmethoden halten nach seinen Angaben Einzug in die Tiermedizin. Die Palette reiche von ▸ Chemotherapie und Bestrahlung bei Krebs bis hin zu ▸ Implantaten und Prothesen. Anders als etwa in den USA seien Organtransplantationen bei Tieren hierzulande nicht möglich. „Das lässt das Tierschutzgesetz nicht zu, weil man dem Spendertier damit Schaden zufügt", erläuterte Kunzmann. […] Mit dem verstärkten Einsatz von Intensivmedizin bei Haustieren werde eine neue Stufe ihrer Vermenschlichung erreicht. „Zugleich wächst die Kluft zwischen Heim- und Nutztier." Denn während Hund, Katze und Zwergkaninchen verhätschelt und geliebt werden, ist bei Schweinen, Hühnern und Rindern Massenhaltung gang und gäbe – ihr Wert beschränkt sich auf ihren rein ökonomischen Nutzen. „Früher hatten auch Hund und Katze eine ganz praktische Funktion", betonte Kunzmann. „Katzen wurden zum Mäusefangen gehalten, Hunde als Jagdgehilfe oder als Wachhund." Waren sie dafür zu alt und nicht mehr zu gebrauchen, bekamen sie bestenfalls ihr Gnadenbrot. Ansonsten wurden sie verjagt oder getötet. Kunzmann verwies dabei auf die Geschichte der Bremer Stadtmusikanten, die dieses Schicksal deutlich vor Augen führe. Geld für ein Haustier auszugeben, hält er allerdings nicht für unmoralisch – auch wenn damit menschliche Not gelindert werden könnte. „Wir halten es auch niemandem vor, viel Geld für einen Skiurlaub in den Rocky Mountains auszugeben, das sinnvoller für mildtätige Zwecke verwendet werden könnte", erklärte der Philosoph. Doch sieht er durchaus ein Verteilungsproblem: Den medizinischen Fortschritt können sich gar nicht alle Tierhalter leisten.

Implantat

Patrick Pleul. In: www.focus.de, 25.06.2012

Ab in die Röhre: In der Tiermedizin tun sich neue Behandlungsmöglichkeiten auf, etwa die Computertomografie. Die Vermenschlichung von Hund und Katze nimmt weiter zu.

M4 Nichts zu machen?“

Ralph Meiling

M5 Trauer um Tiere

a) Tierbestattungen

Aus dem Internetauftritt eines Tierbestattungsinstituts:

Irgendwann kommt immer ein Abschied…

… der Abschied von einem Haustier, das Freund, Familienmitglied, Spielkamerad war, das in seinem Leben immer treu an Ihrer Seite stand, Ihnen viel Freude bereitet hat, das zuhören konnte und mit seiner Zuneigung und Wärme oft Trost, Kraft und Liebe spendete. Aber auch ein Freund, der selbst Ansprüche stellte, der sein Fressen wollte, mit dem man bei Wind und Wetter, Tag und Nacht, auf die Straße musste, der Spielen und Toben wollte oder der sich mit Schmusen und Kuscheln Liebe holte, wenn ihm danach war. All das fehlt nun plötzlich! Vielleicht konnten Sie sich wegen einer längeren Krankheit Ihres Tieres oder weil es einfach alt geworden ist, auf diesen schmerzlichen Moment vorbereiten. Vielleicht kam es aber auch plötzlich und unerwartet und tut nun umso mehr weh. Diese Zeit ist sehr schmerzhaft. Niemand kann Ihnen die Trauer abnehmen. Der Abschied fällt schwer und die Erinnerung wird immer bleiben. Wenn dieser Moment gekommen ist, steht jeder Tierbesitzer vor der Frage: Was nun? Wenden Sie sich vertrauensvoll an mich. Ich berate Sie mit viel Verständnis für Ihre Situation und einfühlsam, damit Ihr verstorbenes Tier einen würdevollen Abschied von dieser Welt bekommt.

http://tierbestattungen-melzer.de/

b) Trauerkarten für die Tierarztpraxis

Liebe Frau Schneider,

es tut uns sehr leid, dass wir am Samstag Ihre Blanca einschläfern mussten. Wir wissen, dass Ihnen die Entscheidung nicht leichtgefallen ist. Blanca war Ihnen so viele Jahre eine treue Begleiterin und uns eine besonders liebe Patientin. Wir wissen aber auch, dass wir ihr auf diese Weise großes Leid erspart haben. Vielleicht können Sie aus der Gewissheit, Ihrer Blanca viele schöne Jahre geschenkt zu haben, ein wenig Trost schöpfen.

Ihr Tierarzt-Team

Mustertext einer Trauerkarte zitiert nach: Christina Hucklenbroich, S. 336-337

M6 Vermenschlichung und Vermarktung von Tieren

Rudolph Moshammer (1940-2005) war ein exzentrischer Modedesigner, seine Auftritte (meist mit Yorkshire-Terrier Daisy) sorgten stets für Schlagzeilen. So wurde auch der Hund berühmt, und das über Moshammers Tod hinaus, wie folgender Artikel belegt:

Daisy ist tot. Der Yorkshire-Terrier des ermordeten Modezaren Rudolph Moshammer starb am Dienstag in München. Das Tier konnte zuletzt nicht mehr richtig atmen. Medikamente schlugen nicht an, eine Operation wurde als aussichtslos verworfen. Sie starb schließlich in vertrauter Umgebung bei ihrem Betreuer Andreas Kaplan, dem ehemaligen Chauffeur Moshammers, wie eine Vertraute Kaplans bestätigte. Dieser „zweite Schicksalsschlag“ nach der Ermordung Moshammers habe ihn „hart getroffen“, ließ Kaplan ausrichten. Er selbst wolle sich in der nächsten Zeit nicht öffentlich äußern. Der Schmerz sitze einfach zu tief.

Wohl kaum ein anderer Hund hat die deutsche Öffentlichkeit so beschäftigt wie Daisy. An der Seite – oder doch meistens auf dem Arm – ihres Herrchens Moshammer eroberte die kleine Yorkshire-Terrier-Dame die Herzen vieler Menschen – wenngleich der Anblick mit der unmotiviert seitlich heraushängenden Zunge und dem obligatorischen Schleifchen im Kopffell bei vielen eher Mitleid auslöste. Der schillernde Paradiesvogel Moshammer vervollständigte mit Daisy quasi sich selbst als wandelndes Gesamtkunstwerk. Ein probates Rezept, das auch Society-Girl Paris Hilton und ihr Chihuahua-Hündchen Tinkerbell nachexerzieren. Wo immer der Münchner Selbstdarsteller auftrat, bei den zahlreichen Galas und Premierenfeiern, im Fernsehen und in der Werbung, war Daisy mit dabei. Sie war wohl auch die einzige Augenzeugin der Ermordung ihres Herrchens in der Nacht zum 14. Januar 2005. Nach einem Streit wurde der 64-Jährige von einem jüngeren Sexualpartner erdrosselt. Als Chauffeur Kaplan die Leiche am Morgen in der Wohnung seines Chefs in Grünwald entdeckte, fand er Daisy ganz verstört vor. Er, der sich auch in der Vergangenheit schon immer viel um die kleine Hundedame gekümmert hatte, nahm sich ihrer bis zu ihrem Tod an.

Als Daisy spürte, dass sie immer schwächer wurde, verließ sie am Dienstagmorgen ihr Hundekörbchen und zog sich in die Tragetasche, in der Moshammer sie immer transportiert hatte, zurück. Dort schlief sie friedlich ein, schilderte Kaplan die letzten Minuten im Leben des Tieres. Nur wenige Stunden später wurde der Leichnam im Münchner Tierkrematorium eingeäschert. Die Urne will Kaplan in seiner Wohnung, die er von Moshammer geerbt hat, aufbewahren, „damit ich Daisy immer bei mir habe", wie er seiner Vertrauten sagte. Zur Welt kam Daisy am 20. September 1993 im pfälzischen Jockgrim. Ihre Züchterin Christel Nicklis erinnert sich noch gut, wie sie den kleinen, vier Monate alten Hund selbst nach München in die Edelboutique Moshammers brachte. Damals hieß das Fellknäuel noch offiziell Irina de Pittacus. Kaum angekommen benahm sich das Hündchen schon daneben. Hoch erhobenen Hauptes und Schwänzchen in die Höh' hinterließ sie eine Riesenpfütze auf dem schönen blauen Velourssteppich. Das sei ihr furchtbar peinlich gewesen, sagte Nicklis. Doch Moshammer nahm es gelassen. Schon kurz darauf thronte Daisy auf einer wertvollen Barockcouch im hinteren Teil des Ladens. Ein Hundeleben im Glamour begann. „Dass sie ihrem Herrchen so früh nachfolgt, ist wirklich traurig", zeigte sich Nicklis bekümmert über die Nachricht vom Tod Daisys. 13 Jahre seien eigentlich kein hohes Alter für einen Yorkshire-Terrier. Daisys Vater Dracula starb erst im Frühjahr mit stolzen 16 Jahren. Dass womöglich die Trauer um ihr geliebtes Herrchen Moshammer Daisy vor Gram zugrunde gehen ließ, hält Nicklis aber für abwegig: „Bei aller Liebe – Daisy war auch nur ein Hund."

Ulrich Meyer. In: www.tagesspiegel.de, 25.10.2006

M7 Kulturelle und gesellschaftliche Unterschiede im Umgang mit Tieren

Wenn eine Kultur eine Fleischsorte mit einem Tabu belegt, wirkt sogar die bloße Vorstellung abstoßend, das Fleisch zu essen. Für die meisten Amerikaner ist die Idee, Hundefleisch zu essen, besonders ekelhaft. [...] Hundefleisch ist [dagegen] vor allem in Asien sehr beliebt, wo jedes Jahr etwa 16 Millionen Hunde und 4 Millionen Katzen gegessen werden. [...] Besonders beliebt ist Welpenschinken. Hundefleisch ist ähnlich teuer wie Rindfleisch. [...] Historisch betrachtet war der bevorzugte Fleischhund in China der Chow Chow. In den Neunzigerjahren [des 20. Jahrhunderts] beschlossen die Fleischhundezüchter, sich auf schneller wachsende Rassen mit besserem Fleisch zu konzentrieren. Nachdem sie es mit Deutschen Doggen, Neufundländern und Tibet-Mastiffs probiert hatten, entschieden sie sich für Bernhardiner, weil die Hunde gutmütig sind und die Rasse für ihre großen Würfe mit schnell wachsenden Welpen bekannt ist. Aber das Fleisch der Bernhardiner schmeckt fad, daher werden für mehr Geschmack einheimische Rassen eingekreuzt. Fleischhundewelpen werden im Alter von sechs Monaten geschlachtet, wenn das Fleisch noch zart ist. Auch in Südkorea gibt es eine lange Tradition, Hunde zu essen. Die Koreaner glauben wie die Chinesen, dass Hundefleisch gesundheitsfördernd wirkt. [...] 2002 wurde der nationale Verband der Hundefleischrestaurants gegründet, um den Verzehr von Hundefleisch und verwandter Produkte zu fördern. Dazu gehören u.a. Hundefleischbrot, Hundefleischkekse,

Hundefleischmayonnaise, Hundefleischketchup, Hundefleischessig und Hundefleischhamburger. [...] Während die Südkoreaner etwa eine Million Hunde im Jahr essen, wächst gleichzeitig die Zahl der Hunde, die bei ihnen als Schoßtier gehalten werden. Niedliche kleine Rassen – Malteser, Shih Tzu und Yorkshire Terrier – sind besonders beliebt. Folglich sehen die Südkoreaner das Essen von Hundefleisch zunehmend mit gemischten Gefühlen. Eine aktuelle Umfrage ergab, dass 55 Prozent der Erwachsenen den Verzehr von Hundefleisch ablehnen. Allerdings zeigte sich bei dieser Umfrage auch, dass weniger als 25 Prozent der Koreaner ein Verbot von Hundefleisch befürworten.

Hal Herzog, S. 202-203

AUFGABEN ZU T3

1 Frau Berger sieht sich selbst in einer schwierigen Lage: Was soll sie nur tun? Auf dem Nachhauseweg trifft sie auf ihre Freundin Inge und deren Hündin. Die beiden Frauen kennen sich schon lange, so oft es geht, führen sie ihre Hunde gemeinsam aus. Frau Berger erzählt Inge von Attilas und ihrer Situation und Inge wiederum bemüht sich, der Freundin einen Rat zu geben. Verfassen Sie diesen Dialog, in welchem die beiden Frauen zu einer Lösung zu kommen versuchen. Binden Sie die Materialien M1 und M2 bei der Gestaltung dieses Dialogs als Hintergrundtexte mit ein. > T3/M1/M2

2 Erarbeiten Sie anhand des Artikels die wichtigsten Fakten und Motive, die Thomas Rätsch zu seiner Entscheidung gebracht haben. Verfassen Sie dann einen Leserbrief an die Zeitung, in dem Sie zu einer Entscheidung, ob das Ganze nun tierlieb oder „bescheuert" ist, finden. > M2

3 Der Jenaer Philosoph Peter Kunzmann meint zur Debatte, wie weit medizinischer Aufwand bei Haustieren getrieben werden sollte, dass Geld für ein Haustier auszugeben nicht unmoralisch sei. Stellen Sie sich vor, Sie wären Teilnehmerin/Teilnehmer an einer Podiumsdiskussion zu dieser Debatte. Erarbeiten Sie sich aus dem Text und der Karikatur Ihre Position zu den „Grenzen der Medizin bei Haustieren" und der „Unterscheidung des Menschen zwischen Haus- und Nutztier". > M3/M4

4 Tierbestattung und Trauerarbeit: Wie der Tierbestatter und der Tierarzt und sein Team mit dem Tod von Haustieren umgehen, kann sicherlich sehr unterschiedlich bewertet werden. Diskutieren Sie in Ihrer Lerngruppe/Unterrichtsgruppe über Formen, Möglichkeiten und Grenzen von Tierbestattungen und Trauerarbeit bei Haustieren. > M5a/M5b

5 Erläutern Sie die Geschichte des kleinen Hundes „Daisy" und thematisieren Sie dabei vor allem die grundlegenden Bedürfnisses des Menschen, die sich an einer solchen Tierbiografie ablesen lassen. > M6

6 Recherchieren Sie historische aber auch moderne/heutige Beispiele für solche besonders intensiven „Mensch-Tier-Beziehungen" und binden Sie diese in Ihre Diskussion über die Beziehung von Rudolph Moshammer und Daisy mit ein. > M6

7 Vergleicht man die Liebe zu Daisy und die Gewohnheit in asiatischen Ländern, Hunde und Katzen zu essen, so könnte man sehr schnell zu einer Urteilsbildung kommen: „Daisy lieben und vergöttern geht, Daisy essen geht niemals!" Erarbeiten Sie einen Einblick in die asiatischen Essgewohnheiten von Katzen und Hunden. Beurteilen Sie abschließend, auf Basis welcher moralischen Vorstellungen eine Bewertung der Gewohnheiten anderer Kultur überhaupt möglich ist. > M6/M7

T4

Alltag in der Landwirtschaft: Letzte Chance für Kuh 81

Landwirt Walter lässt einen kritischen Blick über seine Milchkuhherde schweifen. Er hat einen Milchviehbetrieb mit einer Herdengröße von 90 Kühen. In naher Zukunft plant er, den Stall zu erweitern und 40 weitere Milchkühe aufzunehmen, um mit den größeren Milchviehbetrieben der Umgebung mithalten zu können. Die durchschnittliche jährliche Milchleistung seiner Kühe nahm zwar gegenüber dem Vorjahr auf 7 540 Liter pro Kuh zu, die Milchpreise sind aber zurzeit sehr niedrig. Daher muss er jeden Cent zweimal umdrehen, um von der Landwirtschaft weiterhin leben zu können. Für die Milchleistung der Kühe ist deren Fruchtbarkeit entscheidend, nur eine Kuh, die ein Kalb geboren hat, gibt auch Milch. Ein bis zwei Monate nach der Geburt sinkt die Milchleistung wieder. Damit die Kuh schnell wieder mehr Milch produziert, muss sie möglichst bald das nächste Kalb gebären. Für den Landwirt ist deshalb die Zeit zwischen einer Abkalbung und dem folgenden ersten Trächtigkeitstag entscheidend: Diese sollte weniger als 100 Tage betragen. Jeder weitere Tag bringt Walter einen Verlust von ungefähr zwei bis drei Euro ein. Damit dies nicht geschieht, sollte jede Milchkuh also pro Jahr ein Kalb gebären. Diesem Gedanken nachhängend wandert sein Blick besorgt zur Kuh mit der Ohrmarkennummer IT02100136281, die gerade zum wiederholten Mal vom Tierarzt ▸ künstlich besamt wird. Kuh 81 ist bereits 2,5 Jahre alt, hat aber im Gegensatz zu ihren Artgenossinnen in diesem Alter noch kein Kalb geboren. Die jetzige Besamung wird die letzte Chance für Kuh 81 sein, dem Schlachthof zu entgehen. Eine unfruchtbare Kuh, die keine Milch liefert und somit für Futter und Unterkunft nichts leistet, kann der Landwirt nicht gebrauchen. Der Tierarzt hat die Behandlung inzwischen abgeschlossen und verabschiedet sich. In einem Monat wird er für einen ▸ Trächtigkeitsultraschall wieder kommen. Dann wird sich herausstellen, ob die Kuh 81 durch die erneute Besamung endlich tragend geworden ist und noch als Milchkuh im Betrieb bleiben oder ob sie gleich geschlachtet wird. Denn auch die fruchtbaren Kühe landen mit vier bis fünf Jahren im Schlachthof, da ihre Milchleistung mit zunehmendem Alter abnimmt. Drei bis vier Milchperioden pro Kuh sind meist das Maximum, die Tiere rechnen sich danach nicht mehr. Früher, als sein Vater den Hof geführt hat, war das noch anders, der wirtschaftliche Druck auf die Landwirte war weniger groß. Walter seufzt. Bevor er sich aber in Gedanken an vergangene Zeiten verliert, fällt ihm der Defekt in der Melkanlage wieder ein, den er vor dem Abend unbedingt noch reparieren muss. Daher macht sich Walter zügig an die Arbeit.

künstliche Besamung

Trächtigkeitsultraschall

M1 Entwicklung der Betriebsgrößen

Durchschnittliche Herdengröße
in Deutschland (2013)

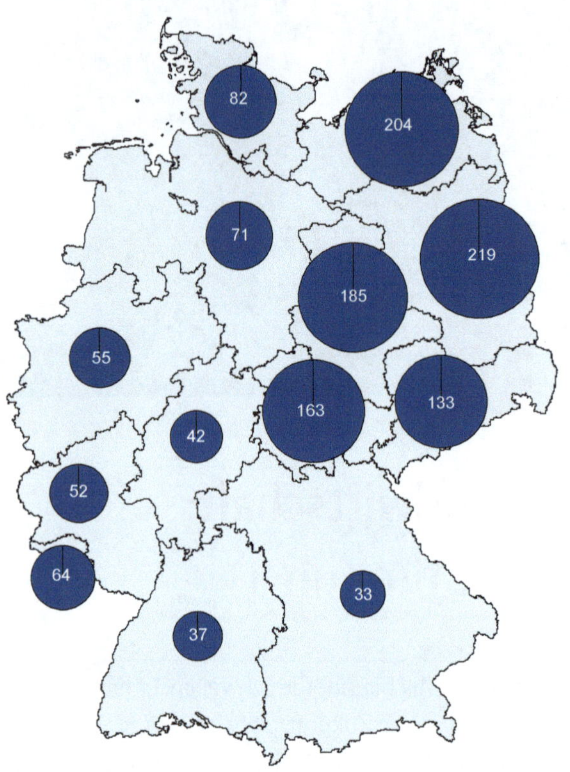

Durchschnittliche Herdengröße

Veränderung der durchschnittlichen Herdengröße
in den Bundesländern (1996 vs. 2013)

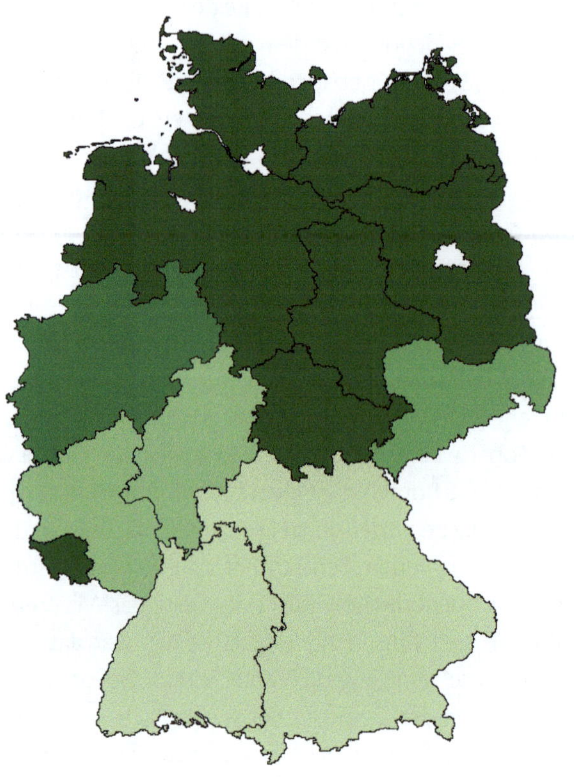

Veränderung der
durchschnittlichen Herdengröße
in Kühen

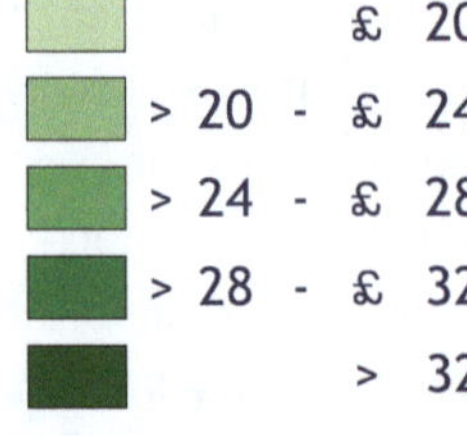

www.milchtrends.de

M2 Lage der Milchbauern

Bauern in Schleswig-Holstein wie Matthias Görtz aus Klein Hansdorf müssen erfinderisch sein, um von der Milchwirtschaft leben zu können. Sonderangebot: 65 Cent für einen Liter „Weidemilch" im örtlichen Supermarkt. Nicht mal ein Euro. Umgerechnet 36 Cent davon kommen beim Landwirt an. 40 bräuchte er, um gut von seiner Arbeit leben zu können.

Aber die Milchbauern des Landes meckern nicht. Sie haben schon ganz andere Zeiten hinter sich. Der derzeitige Preis macht fast glücklich angesichts des Preisverfalls, der vor Jahren die Milchbauern um den Verstand und einige auch um die Existenz brachte. Da wurde Milch zum Teil für 39 Cent im Supermarkt angeboten. Ein hochwertiges Lebensmittel zu einem Discountpreis, der die Milchbauern und ihre Kühe hungern ließ. Diese Zeiten sind zum Glück vorbei, sagen die Milchbauern und hoffen auf gute Jahre. „Letztes Jahr hatten wir im Schnitt um die 38 Cent", erzählt Milchbauer Hans-Jürgen Clausen. „Das ist schon richtig gut." 120 Kühe hat das Familienunternehmen aus Wangels-Barensdorf im Kreis Ostholstein. „Da kennt man noch jede persönlich", sagt der Landwirt und lacht. Der Sohn bekommt als Hofangestellter sein festes Gehalt. „Meine Frau und ich müssen sehen, was dann noch für uns bleibt", so Milchbauer Clausen.

Als er nur 18 Cent pro Kilo Milch bekommen hat, blieb nichts übrig. „Da haben wir alle zugebuttert", erzählt er. Manch einer hat die Milch lieber weggekippt anstatt sie zu verkaufen. Das betriebswirtschaftliche Ergebnis war vergleichbar. Einige Betriebe kämpfen immer noch mit den Verlusten, die sie damals eingefahren haben. Clausen relativiert den jetzt guten Milchpreis: „Der ist in letzter Zeit gestiegen, aber unsere Kosten für Kraftfutter und Pacht auch." Die hohen Preise generieren keine höheren Gewinne, mit denen man für schlechte Zeiten vorsorgen kann. Oder die Rente. „Wo die Reise mit den Preisen hingeht, kann keiner sagen." Er ist trotzdem optimistisch, auch weil er den Beruf liebt. […] Not macht erfinderisch. „Wir haben hier Betriebe, die machen noch nebenbei eine Direktvermarktung mit Gemüse und Kartoffeln, oder liefern ihre Milch ganz direkt an die Schulen und Kindergärten der Region", so Peter Koll vom Kreisbauernverband Herzogtum Lauenburg. „Ein anderer Betrieb stellt mit der eigenen Molkerei auf dem Hof noch Eis her." […]

Nur 65 Cent für den Liter Milch im Supermarkt – Prof. Dr. Holger D. Thiele vom „ife Institut für Ernährungswirtschaft" in Kiel hat im Herbst vergangenen Jahres ausgerechnet, was dabei für wen in der Milchkette übrig bleibt. 36 Cent pro Liter für den Landwirt ab Hof, 1,4 Cent für den Transport zur Molkerei. Dort fallen jeweils 8,5 Cent für Verarbeitung und Verpackung an. Die Gewinnmarge und Verwaltungskosten in der Molkerei beziffert Professor Thiele mit 0,6 Cent, die Kosten der Lagerlogistik mit einem halben Cent. Die Abgabe für den „Grünen Punkt" macht die Milch um einen ganzen Cent teurer. Plus 4,3 Cent Handelsspanne des Einzelhandels macht den Nettopreis von 60,8 Cent, mit den sieben Prozent Mehrwertsteuer steht der Milchkarton für 65 Cent im Kühlregal.

„Im Mai 2014 standen auf den Wiesen und in den Ställen unseres Landes 394 992 Milchkühe", rechnet Klaus Dahmke vom Landesbauernverband [Schleswig-Holstein] vor. 2,3 Prozent mehr als im Jahr davor. „Weil die Preise zur Zeit ordentlich sind und die nach über 30 Jahren die Milchquotenregelung in der Europäischen Union zum 31. März 2015 endet", erklärt Dahmke. „Das wird auch langsam mal Zeit, die hat den Bauern sehr viel Geld gekostet, wenn er seinen Betrieb vergrößern wollte."

In Zeiten des Überangebots mit „Milchseen" und „Butterbergen" versuchte die Politik, mit der Milchquote die Produktion zu regeln – jeder Betrieb bekommt eine bestimmte Milchmenge zugeteilt. Wenn die Kühe mehr Milch geben oder der Landwirt mehr Kühe hält, muss er Quote zukaufen oder Strafgeld zahlen, die sogenannte Superabgabe. Egal was, es kostet. Klaus Dahmke: „Die Bauern haben den Termin lange im Kopf, viele reagieren auf das Datum, weil sie wissen, dann ist die Milchmenge nicht mehr begrenzt."

Nicole Hollatz. In: www.ln-online.de, 22.11.2014

M3 Frei lebend oder Intensivhaltung?

a) Kühe im Vergleich

Die freilebende Kuh:

Kühe sind intelligente und neugierige Tiere mit einem grundsätzlich hohen Raumbedarf: Etwa 10 Stunden pro Tag verbringen freilebende Kühe mit dem Abgrasen von Wiesen, wobei sie im langsamen Vorwärtsgang mehrere Kilometer zurücklegen. Zwischen den Phasen der Nahrungsaufnahme legen sie sich nieder, um bereits vorverdaute Nahrung wiederzukäuen, was für eine effiziente Nahrungsverwertung sorgt. Kühe sind zudem soziale Tiere, die einen ständigen Kontakt zu ihren Artgenossen suchen. Üblich ist dabei die Bildung von Sozialverbänden, die häufig aus etwa 20 (manchmal auch aus deutlich mehr Tieren) bestehen. Diese Verbände weisen eine feste soziale Struktur mit daran angeknüpften Verhaltensregeln auf: So ist etwa die Distanz, die ein jedes Tier zu bestimmten Artgenossen einhalten muss, durch seinen Status in der Herde genau geregelt. Besonders stark ist die Bindung zwischen einer Mutterkuh und ihrem Kalb, das vom Moment der Geburt an intensiv gepflegt, vor Gefahren geschützt und ernährt wird [...]. Was die Menge der Milch betrifft, so würden Kühe ohne den züchterischen Eingriff des Menschen nur so viel Milch produzieren, wie sie zur Ernährung ihrer Kälber benötigen – etwa 8 Liter pro Tag.

Die intensiv gehaltene Kuh:

Die meisten Milchkühe in Deutschland werden in Betrieben mit 50–99 Tieren gehalten. Ein Großteil (ca. 72 %) der Kühe lebt in Laufstallhaltung. Dies bedeutet häufig, dass die Kühe in engen Liegeboxenlaufställen gehalten werden, die im gesamten Laufbereich mit harten Spaltenböden ausgelegt sind (d. h. mit Betonböden, die abwechselnd aus Betonstegen als Auftrittsfläche und schmalen Spalten als Durchlass für Kot und Harn bestehen). Die Liegebereiche bzw. Liegeboxen sind mit Bodenbelägen aus Gummi oder selten auch mit Einstreu ausgestattet. Das Platzangebot für Milchkühe ist gesetzlich nicht geregelt. Häufig wird den 650–750 kg schweren Tieren lediglich eine Bewegungsfläche von ca. 3,5–4,0 m^2 pro Tier zur Verfügung gestellt. 27 % aller Milchkühe leben in Anbindehaltung. Während die Kühe in Laufstallhaltung wenigstens eingeschränkt die Möglichkeit haben, sich zu bewegen, sind Milchkühe in Anbindehaltung oft ein Leben lang an ein und dieselbe Stelle gebunden, wobei sie sich weder umdrehen oder gehen noch Sozialverhalten mit ihren Artgenossen ausleben können. [...] Mit knapp 42 % aller Milchkühe werden weniger als die Hälfte der Kühe zum Grasen auf die Weide gelassen – und das für durchschnittlich fünfeinhalb Monate im Jahr. [...] Da Kühe, wie andere Säugetiere auch, nur dann Milch geben, wenn sie ein Kalb geboren haben, werden sie kontinuierlich einmal im Jahr künstlich befruchtet [...]. Gemolken werden sie sowohl nach der neunmonatigen Schwangerschaft [Trächtigkeit] als auch während der Schwangerschaft [Trächtigkeit], allein die letzten zwei Monate vor der Geburt des neuen Kalbs wird das Melken eingestellt. [...] [F]ür die industrielle Milchproduktion [werden] zweckmäßig gezüchtete Hochleistungsrassen eingesetzt, bei denen eine Milchleistung von etwa 50 Litern [...] pro Tag keine Seltenheit mehr ist. [...] Durch diesen Zwang zur Höchstleistung [...] sind die Kühe [in der Regel] [...] nach vier bis fünf Jahren körperlich ausgezehrt (bzw. nicht mehr rentabel) und werden geschlachtet. Was die neugeborenen Kälber betrifft, so werden diese [...] kurz nach ihrer Geburt von ihren Müttern isoliert [...]. Zweck der Trennung ist das Vorbehalten der Muttermilch vornehmlich für den menschlichen Verzehr – die Kälber selbst werden fortan oft mit Milchaustauscher (einem Gemisch u. a. aus Molkepulver) gefüttert.

Michelle Pliquett. In: http://albert-schweitzer-stiftung.de

b) Lebenserwartung von Tieren

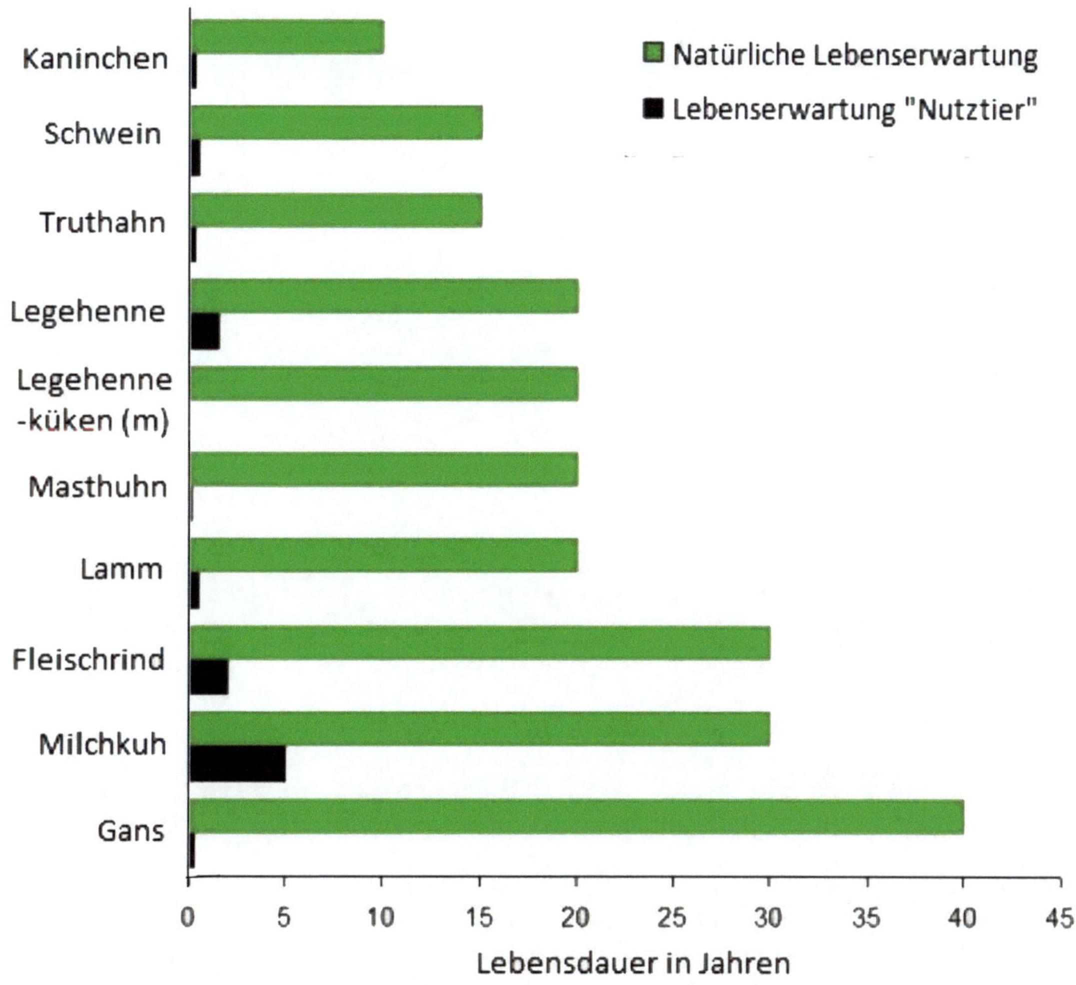

www.vebu.de

M4 Messung von Tiergerechtheit

Farm Animal Welfare Council (FAWC)

In den 1980er-Jahren entwickelte der britische ▸ Farm Animal Welfare Council (FAWC) das Konzept der „Fünf Freiheiten“. Es bildet die Grundlage für verschiedene Mess- und Bewertungssysteme für Tiergerechtheit. Das Konzept bietet einen Ansatz zur Operationalisierung, also zur praktischen Messung der Tiergerechtheit in der Tierhaltung. Die fünf Freiheiten sind:

- *Freiheit von Hunger und Durst* – die Tiere haben Zugang zu frischem Wasser und gesundem, gehaltvollem Futter.
- *Freiheit von haltungsbedingten Beschwerden* – die Tiere sind geeignet untergebracht, zum Beispiel auf adäquaten Liegeflächen.
- *Freiheit von Schmerz, Verletzungen und Krankheiten* – die Tiere werden durch schnelle Diagnose und Behandlung sowie den Verzicht auf Amputationen versorgt.
- *Freiheit von Angst und Stress* – durch Verfahren und Management werden Angst und Stress vermieden, zum Beispiel durch Verzicht auf Treibhilfen.
- *Freiheit zum Ausleben normaler Verhaltensmuster* – die Tiere können sich artgemäß verhalten, zum Beispiel durch ein ausreichendes Platzangebot.

Thünen-Institut

M5 Fleischproduktion

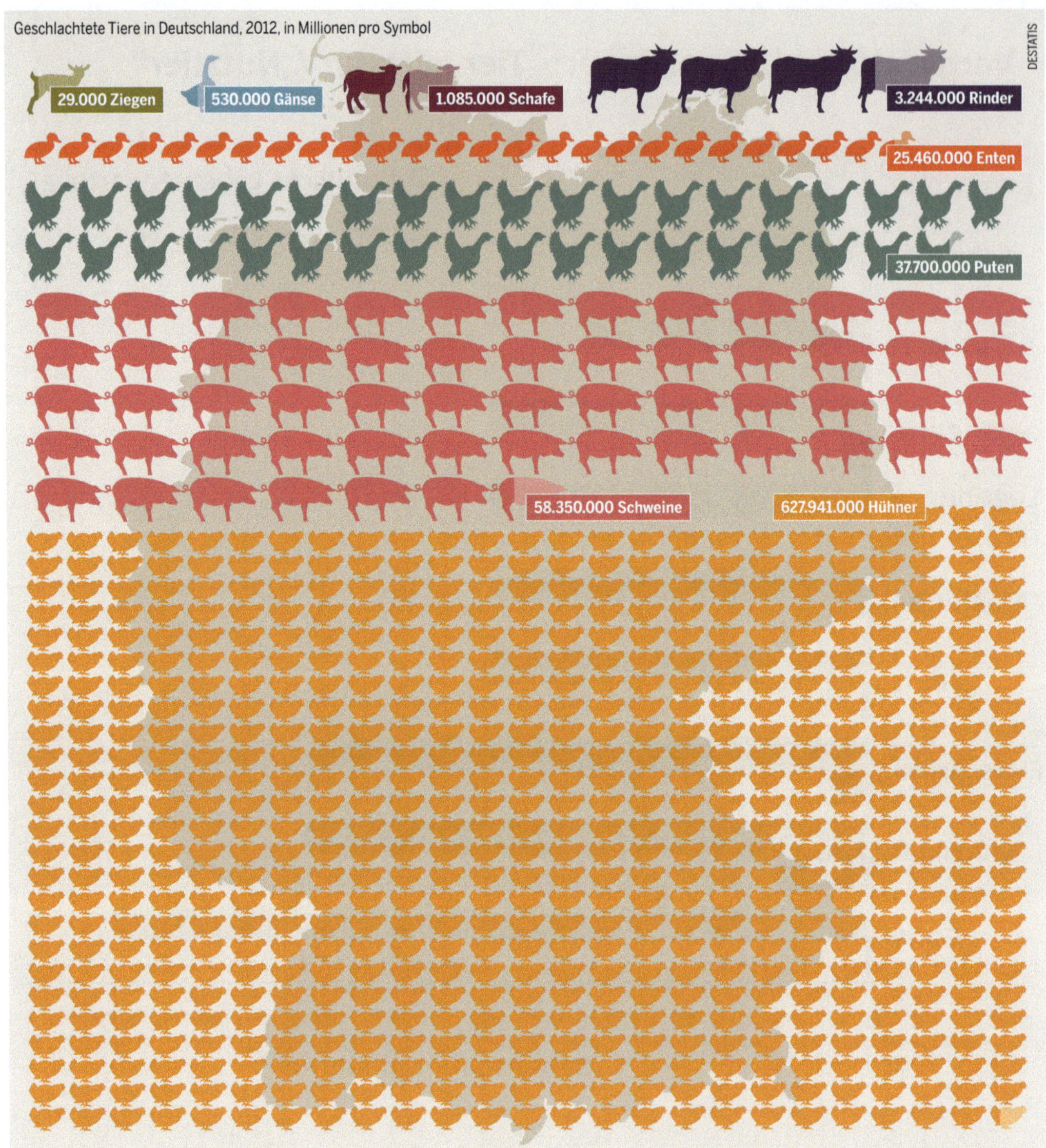

Pro Jahr werden in Deutschland rund 750 Millionen Tiere geschlachtet.

M6 Kulturelle und gesellschaftliche Unterschiede im Umgang mit Tieren

Die heiligen Kühe gelten neben dem Kastensystem als die bekannteste Eigenart des Hinduismus. Kühe gehören zum täglichen indischen Straßenbild und haben selbst auf den vielbefahrenen Straßen stets Vorfahrt, denn die Kühe werden von den Hindus als heilige Wesen verehrt. Wer einer Kuh das Leben nimmt, hat nach hinduistischem Glauben einen Mord begangen. Für die Hindus ist die Kuh die Mutter allen Lebens und ihre Gaben haben religiöse Bedeutung. In der Mythologie wird die Kuh mit dem Gott Krishna in Verbindung gebracht. Dieser Gott wurde nach seiner Geburt in die Obhut einer Hirtenfamilie gegeben, denn man trachtete nach seinem Leben. Zusammen mit den Kühen wuchs Krishna auf, wurde von ihnen ernährt und verbrachte als Hirtenjunge seine Zeit mit ihnen. Auf Darstellungen oder als Skulptur hält der Gott Krishna daher meist eine Flöte, das traditionelle Instrument der Kuhhirten, in seinen Händen. […] Die Kuh ist für die vegetarisch lebenden Hindus auch ökonomisch von großem Wert. Denn die Heiligkeit schützt die Tiere – sofern sie stark genug sind – nicht vor dem Einsatz als Arbeitstier. Kühe sind die größten Helfer in der indischen Landwirtschaft. Die Kraft der Tiere hilft bei der

Feldbestellung und beim Transport von schweren Gegenständen. Die Gaben der Kuh werden in ganz Indien geschätzt und effizient genutzt; Butterschmalz wird auch als Lampenöl, der Dung als Brennmaterial verwendet. Die Wertschätzung, die die Hindus den traditionellen Arbeitstieren entgegenbringen, hat neben religiösen also auch ökonomische Wurzeln.

Lothar Nickels. Zitiert nach http://www.proplanta.de

AUFGABEN ZU T4

1 Was wird aus Kuh 81? Landwirt Walter geht diese Frage durch den Kopf. Immer wieder denkt er über seine verschiedenen Handlungsmöglichkeiten nach. Erarbeiten Sie verschiedene Lösungswege, auch wenn sie auf den ersten Blick theoretisch erscheinen mögen. Diskutieren Sie diese Lösungswege, indem sie auch darauf achten, woran sie im Einzelnen ggf. scheitern (könnten). > T4

2 Landwirt Walter, dessen Hof in Baden-Württemberg liegt, nimmt am Projekt „Gläserne Produktion" (www.gläserne-produktion.de) teil. Entsprechend öffnet er seinen Betrieb regelmäßig für interessierte Gäste, die dann den gesamten Hof besichtigen können. Gestalten Sie für diesen „Tag der Gläsernen Produktion" ein Plakat, mit dem Landwirt Walter auf grundlegende Probleme der Milchbauern aufmerksam machen will. Informieren Sie sich dabei auch über die Entwicklung des Milchertrags je Kuh. > T4/M1

3 Recherchieren Sie im Internet zunächst zu den Themen „Milchquote" und „Milch als Lebensmittel". Nutzen Sie hierzu auch die Seite des Bundesministeriums für Ernährung und Landwirtschaft (www.bmel.de) und die Seite der Aktion „Die faire Milch" (www.diefairemilch.de). Stellen Sie die Ergebnisse in Form eines Steckbriefes „Milch" zusammen.

4 Erarbeiten Sie sich einen Überblick über das System und seine Funktionsweise, wie es zwischen Milchbauern, Milchindustrie und Konsumenten besteht. Stellen Sie diesen Überblick grafisch dar. > M2

5 Entwickeln Sie einen kurzen Flyer, den man Kundinnen und Kunden im Supermarkt zur Information in die Hand geben könnte, damit sie in Zukunft eine Milch kaufen, die Milchbauern angemessen entlohnt und für die Nutztiere eine tiergerechtes Leben bedeutet. > M2

6 Vergleichen Sie die beiden Bilder miteinander und tauschen Sie sich darüber aus, welches Bild Sie mit Ihrer „Milchpackung" im eigenen Kühlschrank verbunden sehen wollen. Begründen Sie einander Ihre Erwartungen. Berücksichtigen Sie dabei auch die Hintergrundinformationen zu Tieren in Natur bzw. Intensivhaltung. > M3a/M3b

7 Arbeiten Sie aus dem Text zur Tiergerechtheit eine Kriterienliste heraus, mit der Sie Haltungsformen von Milchkühen untersuchen und bewerten könnten. Wenden Sie anschließend diesen Katalog auf die Texte „Kühe im Vergleich" an. > M3/M4

8 Definieren Sie konkrete Veränderungsmöglichkeiten in der heutigen Milchviehhaltung, die Ihrer Ansicht nach die Bedürfnisse des Tieres, die Möglichkeiten der Landwirte und die Zumutbarkeit für den Konsumenten idealerweise einander annähern. > M4

9 Greifen Sie nochmals die Debatte zu den Ernährungsgewohnheiten auf (siehe S. 19f. M7 und Aufgabe 8). Zwischen den statistischen Werten und der kulturellen-gesellschaftlichen Beziehung der Hindus zu ihren Kühen könnte ein Schnittpunkt liegen. Entwickeln Sie im Diskurs solche Schnittpunkte eines moralisch vertretbaren Fleischkonsums. > M5/M6

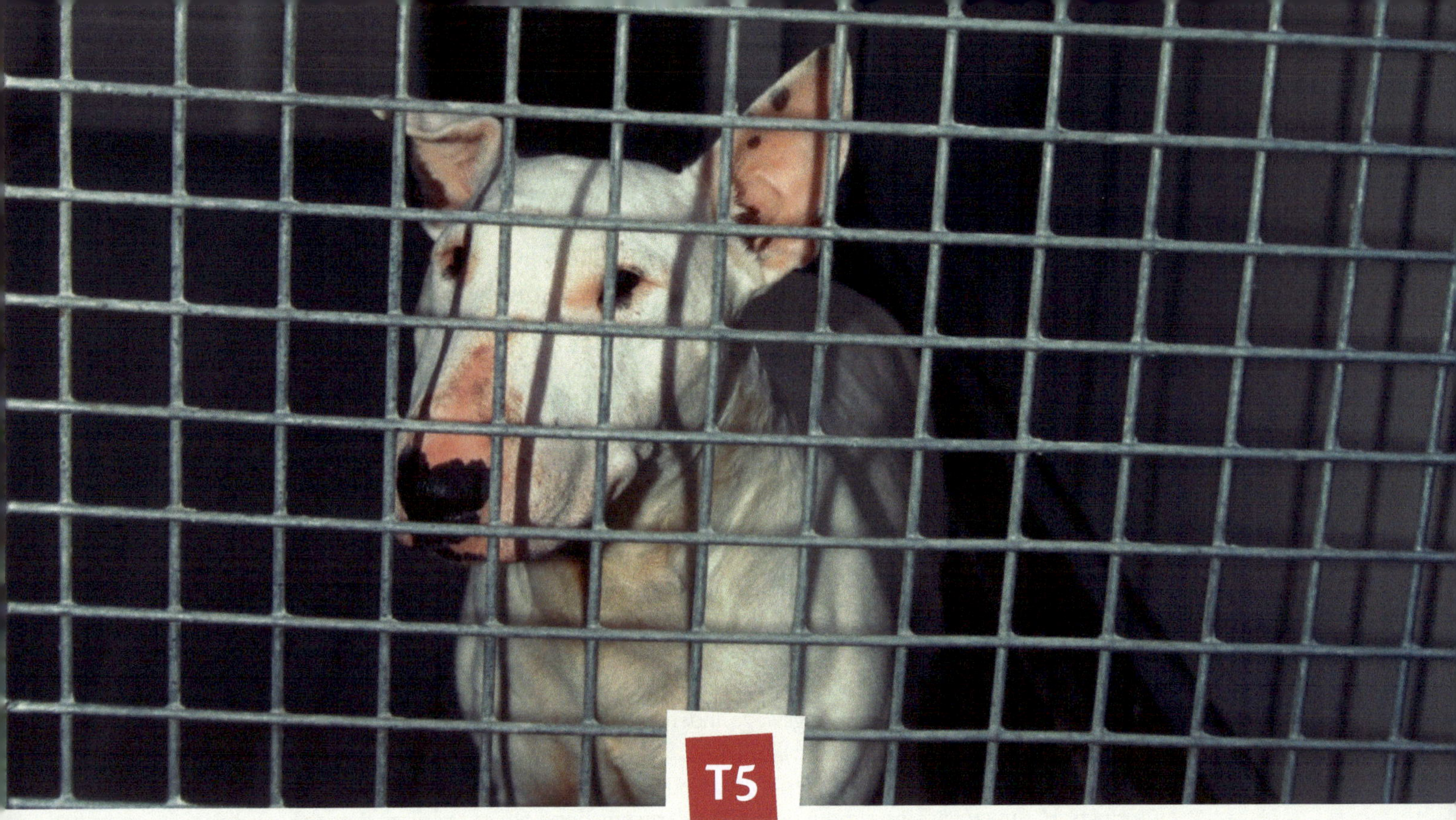

T5

Im Tierheim: Bis(s) zum bitteren Ende?

Im Tierheim „Pfötchenfreunde" steht eine schwierige Entscheidung an. Die geschätzt fünf Jahre alte Bullterrierhündin Debby hat wieder ohne ersichtlichen Grund nach einem Pfleger geschnappt. Dies ist bereits der dritte Zwischenfall, seit Debby vor sieben Monaten angebunden an einem Autobahnrastplatz von der Polizei aufgelesen und dem Tierheim übergeben wurde. Debbys Herkunft konnte nicht ermittelt werden, denn sie verfügt weder über einen ▸ Transponder noch über eine Tätowierung im Ohr. Eine gründliche Untersuchung durch den Tierarzt hat keine medizinischen Ursachen für ihr Verhalten aufdecken können: In manchen Fällen kann eine Abwehrreaktion des Hundes, die eigentlich durch Schmerzen ausgelöst wurde, fälschlicherweise als aggressives Verhalten gedeutet werden – doch Debby ist körperlich kerngesund. Natürlich weiß keiner genau, welche traumatischen Erfahrungen Debby bisher in ihrem Hundeleben gemacht hat. Eine Verhaltenstherapie könnte sich das permanent überbelegte Tierheim jedoch ohnehin nicht leisten.

Transponder

Die Vermittlungschancen von Debby stehen damit denkbar schlecht. Der Biss eines Bullterriers kann unter Umständen tödlich sein, weshalb diese Rasse den Listenhunden zugeordnet wird, die per Gesetz als gefährlich oder potentiell gefährlich eingestuft sind. Insgesamt zählen rund 60 Prozent der Hunde, die sich im Tierheim „Pfötchenfreunde" befinden, zu den sogenannten ▸ Kampfhunden – und kommen damit für die meisten Interessenten, die einen Hund aus dem Tierheim aufnehmen möchten, nicht in Frage. Nicht nur haben ▸ Kampfhunde einen „schlechten Ruf". Auch die regional verschiedenen rassebedingten Einschränkungen wirken abschreckend, wie zum Beispiel eine erhöhte Hundesteuer, das Ablegen eines Wesenstests, der ▸ Hundeführerschein oder Leinenzwang und Maulkorbpflicht für ▸ Kampfhunde. Wenn dann ein Hund, wie im Fall Debby, auch noch auffällig wird und aggressiv erscheint, muss das Tier letztlich als kaum vermittelbar eingestuft werden. Die Tierheimleitung beschließt deshalb, eine Besprechung einzuberufen, um über Debbys Schicksal zu entscheiden. In dem Gespräch soll das Risiko, das von der Hündin ausgeht, besprochen und eine mögliche Einschläferung diskutiert werden. Zur Teilnahme angekündigt haben sich neben dem Tierheimpersonal auch ein Amtsveterinär und ein Vertreter des lokalen Tierschutzvereins.

Kampfhunde

Hundeführerschein

M1 Interview über Listenhunde

Im Rahmen eines Projekts „Zeitung in der Schule“ (Zischup) der „Badischen Zeitung“ wurde die hauptverantwortliche Tierpflegerin für die Hundestation im Tierheim in Freiburg, Alexandra Geigele, zum Thema Listenhunde interviewt:

Zischup: Wie viele Listenhunde haben Sie zurzeit?

Geigele: Zurzeit haben wir zwei Hunde in der Vermittlung, die anderen vier müssen noch den Wesenstest bestehen.

Zischup: Was ist ein Wesenstest?

Geigele: Beim Wesenstest wird der Hund geprüft. Es werden gezielt Situationen simuliert, in denen er aggressiv reagieren könnte. Zum Beispiel torkelt ein vermeintlich Betrunkener vorbei oder jemand schreit den Hund an. Der Hund darf in einem gewissen Rahmen reagieren, aber er sollte auf gar keinen Fall aggressiv werden, wenn er den Wesenstest bestehen soll.

Zischup: Was halten Sie von den Vorschriften und den Gesetzen, die es für Listenhunde gibt?

Geigele: Zum Teil sind die gerechtfertigt, da diese Hunde sehr starke Kraftpakete sind und starke Kiefer und Muskeln haben, aber man kann nicht sagen, dass sie gefährlicher als andere Hunde sind.

Zischup: Wie sind die Hunde im Tierheim gelandet?

Geigele: Meistens wurden die Hunde den Familien weggenommen. Sie kamen oft aus sozial schwachen Familien, die sie nicht artgerecht halten konnten. Es gibt aber auch wenige Privatabgaben.

Zischup: Wie sind Ihre Erfahrungen mit Listenhunden?

Geigele: Die Reaktionen der Leute sind positiver geworden, aber es gibt immer noch sehr viel Klischeedenken. Den Wesenstest machen die Hunde oft mit Pflegeleuten oder mit mir.

Zischup: Wie läuft eine Vermittlung dieser sogenannten ▸ Kampfhunde ab? Kampfhunde

Geigele: Wir machen generell Kontrollen bei den zukünftigen Hundebesitzern und achten sehr darauf, dass die Hunde ein gutes Zuhause bekommen. Bei Listenhunden achten wir ganz besonders auf die Auswahl der zukünftigen Familie. Um einen Listenhund adoptieren zu können, muss man ein einwandfreies polizeiliches Führungszeugnis vorweisen und alle Vorgaben des Wohnortes zur Haltung von Listenhunden erfüllen.

Lara Herr. In: Badische Zeitung, 13.12.2013

M2 Ein Tier als Statussymbol

Computerspiel

M3 Kampfhund „lammfromm"

Der behinderte Dylan wird sichtlich ruhiger, wenn sein Hund Tascha ihm die Pfote auf den Arm legt. Eigentlich sollten die zwei ungewöhnlichen Freunde getrennt werden. Doch nun gibt es ein Happy End.

Es war wohl das schönste Geschenk, das der kleine Dylan [...] zu seinem elften Geburtstag bekommen konnte. Am Nachmittag kam der Ordnungsamtsleiter der [...] Gemeinde persönlich vorbei. Er hatte ein Schreiben dabei. Nicht irgendeine Verfügung, vielmehr stand darin das langersehnte Happy End einer nicht alltäglichen Freundschaft. Der Ordnungsamtsleiter übergab der Familie ein Dokument. Darin bescheinigt er, dass der kleine Dylan seinen Hund Tascha behalten darf. „Wir sind überglücklich", sagt Dylans Vater [...] tags darauf.

Dylan ist kein gewöhnliches Kind. Der Junge liegt seit seiner Geburt im Wachkoma. Er lebt zu Hause, bei seinen Eltern. Dort wird er künstlich beatmet und liebevoll betreut. Und Dylan hat einen besten Freund. Seinen Kuschelhund Tascha, der vor sechs Jahren als Welpe in die Familie kam und seitdem immer an Dylans Seite ist. Tascha ist das einzige Wesen, auf das Dylan positiv reagiert. Doch das Tier ist kein gewöhnlicher Hund. Es ist ein American Stafford Terrier, ein ▸ Kampfhund. Als die Familie noch in Berlin lebte, war das kein Problem, weil dort die Haltung eines solchen Hundes erlaubt war. Doch Dylans Familie zog ins Grüne. Und in Brandenburg gilt die Rasse als gefährlich und ist laut märkischer Hundehalterverordnung verboten. Als es dann noch einen Vorfall zwischen Tascha und einem anderen Hund gab und die Behörden damit auf den American Stafford Terrier aufmerksam geworden waren, durfte das Tier nicht mehr [im Ort] [...] bleiben.

Kampfhunde

Die Geschichte sorgte für Schlagzeilen. Nach Angaben der Erna-Graff-Stiftung für Tierschutz, die sich für den Verbleib des Hundes in der Familie engagiert hat, votierten weltweit 215 000 Menschen bei Facebook für die Freundschaft zwischen Dylan und Tascha. Mit Erfolg.

„Uns liegt nun ein Wesenstest für das Tier vor. Demnach ist Tascha kein aggressiver oder gestresster Hund", sagt Bürgermeister Bodo Oehme (CDU). Zudem gebe es für Tascha auch einen Therapiehund-Nachweis. „Damit konnten wir eine Ausnahme machen und das Verbot der Haltung zurücknehmen." Bürgermeister Oehme votiert zugleich dafür, bundesweit endlich einheitliche Hundehalterverordnungen einzuführen. „Es ist doch ein Irrsinn, dass hier nicht sein darf, was 900 Meter weiter erlaubt ist."

Katrin Bischoff. In: www.berliner-zeitung.de, 11.06.2014

M4 Kampfhund als „Bestie"

Ein ▸ Kampfhund biss einen Jungen auf einem Spielplatz [...] in den Kopf und verletzte ihn schwer. Am Mittwoch wurde der Halter zu einer Bewährungsstrafe verurteilt. Jetzt wird wieder der Ruf nach Einführung des ▸ Hundeführerscheins laut.

Hundeführerschein

Das Amtsgericht Frankfurt-Höchst verurteilte den 36 Jahre alten Hundehalter am Mittwoch wegen fahrlässiger Körperverletzung zu sieben Monaten Haft auf Bewährung. Das Gericht setzte zudem 150 gemeinnützige Arbeitsstunden und eine Zahlung von 300 Euro an die Eltern des Jungen fest. Der 36-Jährige hatte die vorgeschriebene Leinenpflicht für seinen ▸ Kampfhund missachtet.

Der Vorfall liegt knapp ein Jahr zurück. Der Mann war erst drei Tage im Besitz des als besonders gefährlich geltenden Staffordshire-Terriers, als ihm der Hund im April 2013 [...] weglief. Ein Junge spielte zusammen mit anderen Kindern auf einem Spielplatz. Als sich der Hund plötzlich den Kindern näherte, liefen sie weg. Der Neunjährige fiel aber hin, der Hund stürzte sich auf ihn und verbiss sich in Kopf und Gesicht des Kindes. Der Junge wurde schwer verletzt und musste zahlreiche Operationen über sich ergehen lassen, plastisch-chirurgische Eingriffe waren notwendig. An zwei großen Narben am Kopf des Kindes werden keine Haare mehr wachsen. Der Junge erlitt darüber hinaus psychische Beschwerden und ist noch heute in Behandlung.

Vor Gericht entschuldigte sich der Hundehalter. Er sei an jenem Tag mit dem Bau eines Hundezwingers beschäftigt gewesen und habe den Hund nur für einen Moment aus den Augen gelassen. Der Vater des Jungen sagte nach der Urteilsverkündung: „Ich bin erleichtert." Das Urteil werde Halter von ▸ Kampfhunden möglicherweise zum Nachdenken bringen, hofft er. Mit dem jetzigen Urteil ist der Fall noch nicht abgeschlossen. Es folgt noch ein Zivilprozess, in dem es um Schmerzensgeld-Ansprüche des Jungen gehen wird.

Kampfhunde

Andreas Bauer/Antje Buchholz. In: www.hr-online-de, 05.03.2014

M5 Rasselisten der Bundesländer

	BW	BY	BE	BB	HB	HH	HE	MV	NI	NW	RP	SL	SN	ST	SH	TH
Alano?		2		2						2						
American Bulldog		2					x			2						
(American) Pitbull Terrier	2	1	x	1	x	1	x	x		1	x	x	x	x	x	1
American Staffordshire Terrier	2	1	x	1	x	1	x	x		1	x	x	x	x	x	1
Bandog		1														
Bullmastiff	2	2	x	2		2				2						
Bullterrier	2	2	x	1	x	1	x	x		1			x	x	x	1
Cane Corso/Cane Corso Italiano		2		2												
Dobermann				2												
Dogo Argentino	2	2	x	2		2	x			2						
Dogue de Bordeaux	2	2		2		2										
Fila Brasleiro	2	2	x	2		2	x			2						
Kangal						2	x									
Kaukasischer Owtscharka						2	x									
Mastiff	2	2	x	2		2				2						
Mastín Español	2	2	x	2		2				2						
Mastino Napoletano	2	2	x	2		2				2						
Perro de Presa Canario?/				2												
Perro de Presa Canario (Dogo Canario)		2														
Perro de Presa Mallorquin?		2		2												
Rottweiler		2		2		2	x			2						
Staffordshire Bullterrier	2	1		1	x	1	x	x		1	x	x		x	x	1
Tosa Inu	2	1	x	1		2				2						
	BW	BY	BE	BB	HB	HH	HE	MV	NI	NW	RP	SL	SN	ST	SH	TH

Legende:
grün: Rasse wird im Gesetz/der Vorschrift nicht erwähnt, rot: Rasse ist in einer Liste aufgeführt.

Länderkürzel
BW: Baden-Württemberg, **BY:** Bayern, **BE:** Berlin, **BB:** Brandenburg, **HB:** Bremen, **HE:** Hessen, **HH:** Hamburg, **MV:** Mecklenburg-Vorpommern, **NI:** Niedersachsen, **NW:** Nordrhein-Westfalen, **RP:** Rheinland-Pfalz, **SL:** Saarland, **SN:** Sachsen, **ST:** Sachsen-Anhalt, **SH:** Schleswig-Holstein, **TH:** Thüringen

Erläuterungen
?: Bei diesen Bezeichnungen von Rassen kann die Bezeichnung vom Namen her keiner Rasse eindeutig zugeordnet werden.
1: Die Rasse ist als gefährlich aufgeführt.
2: Die Gefährlichkeit der Rasse wird vermutet, kann aber widerlegt werden (Wesenstest).
X: Die Rasse ist als gefährlich aufgeführt, dieses Bundesland unterscheidet nicht zwischen Kategorie 1 und Kategorie 2. Die vorgenannten Kategorien werden in den Bundesländern unterschiedlich definiert.

nach http://de.wikipedia.org (Stand Januar 2015)

M6 Wesenstest

Die Bezeichnung ‚Wesenstest' ist nicht geschützt oder genormt. Aus der großen Vielfalt der so genannten Wesenstests und Verhaltenstests sticht der Wesenstest gemäß dem Niedersächsischen Hundegesetz (vormals Niedersächsische Gefahrtier-Verordnung, GefTVO) besonders hervor. Dieser Test, der [...] lange vor der sogenannten ▸ „Kampfhundediskussion" 2000 entwickelt wurde, wurde von Fachwissenschaftlern aufgrund verhaltensbiologischer und tiermedizinischer Erkenntnisse weiterentwickelt. Der niedersächsische Wesenstest besteht aus den Hauptbestandteilen

Kampfhunde

1. Hund-Mensch-Kontakt
2. Hund-Umwelt-Kontakt
3. Hund-Hund-Kontakt und
4. Gehorsam

Wichtige Einzelaufgaben sind u. a. zum ersten Abschnitt:

- ranganmaßende Gesten (Handauflegen auf Rücken und Kopf, Umfassen des Fanges)
- Anstarren (Drohfixieren)
- Konfrontation mit mehreren Personen, die Blindenstock und Gehstock benutzen
- Konfrontation mit Joggern und Personen, die sich wie Betrunkene benehmen und nach Alkohol riechen
- Einige Personen kommen auf den Hund zu (nicht zielgerichtet) und bleiben mit Körperberührung neben ihm stehen (Fahrstuhlsituation).
- Eine Person liegt am Boden (oder hockt sich hin) und steht abrupt auf, als Halter und Hund den Testgang machen (Abstand 2 m).
- Eine Person schreit den Hund wütend an.

Zum zweiten Abschnitt gehören diese Aufgaben:

- Ein Regenschirm wird unmittelbar vor dem Hund aufgespannt.
- Klingelndes Fahrrad und hupendes Auto müssen passiert werden.
- Ein Kinderwagen mit Babygeräuschen wird vorbei geschoben.
- Eine Testperson geht auf den Hund zu, schreit ihn an.
- Eine Person bedroht den Hund mit einem Stock.
- Eine Person geht mit einem brennenden Feuerzeug auf den Hund zu.

Zum dritten Abschnitt gehören diese Aufgaben:

- Zwei Hunde passieren den Prüfling.
- Konfrontation mit einem gleichgeschlechtlichen Hund hinter einem Zaun.
- Der zu prüfende Hund wird vom Halter isoliert (Sichtschutz) ca. 2 m vor dem Zaun angebunden und mit einem gleichgeschlechtlichen Hund konfrontiert.

Der vierte Abschnitt der Prüfungsaufgaben enthält als Prüfsituationen verschiedene alltägliche Aufgaben, wie das Rufen des Hundes aus dem Freilauf, das Ausführen der Kommandos „Sitz" und „Platz" und das Ausgeben eines Spielzeugs (Ball) auf Kommando.

Diese Aufzählung von Aufgaben stellt nur einen Ausschnitt aus dem mehrstündigen niedersächsischen Wesenstest dar.

http://de.wikipedia.org (Stand Januar 2015)

M7 Problemhund oder Problemmensch?

Der Hundetrainer Martin Rütter wurde durch die Fernsehsendung „Der Hundprofi" bekannt. Im Folgenden ein Auszug aus einem Interview, geführt von Matthias Hanselmann:

Hanselmann: Was gibt es denn [...] für [...] Grundregeln in Bezug auf den Hund, die der Mensch beachten muss?

Rütter: Zunächst mal kann man sagen, dass jeder Hund eine eigene Persönlichkeit hat. Also, es gibt Hunde, da kann man Fünfe gerade sein lassen und man bekommt trotzdem kein großes Problem. Und dann gibt es Hunde, da muss man aber sehr, sehr genau die Spielregeln einhalten, sonst hat man ein ernstes Problem. Nur grob verallgemeinert kann man sagen, dass Hunde – sagen wir mal – so wechselhaftes Verhalten nicht gern haben. Also wenn sie den Mann vom Joggen nach Hause kommend anspringen dürfen, aber wenn er den Frack und den Zylinder anhat, dann geht das nicht mehr, das verstehen Hunde nicht. Und deshalb wünsche ich mir, dass die Menschen sich über Regeln vorher im Klaren sind, also dass man sagt, das und das sind unsere Spielregeln hier im Haus, und die gelten dann halt immer.

Hanselmann: Warum kommen die Menschen zu Ihnen [...]?

[...]

Rütter: Ja, es gibt zwei Kategorien. Also die einen kommen, weil es schon zu Hause richtig kracht, also der Hund fällt Hunde an, geht auf Menschen los, hat Ängste, zerstört die Wohnung, kann nicht gut allein bleiben und so weiter. Das ist die eine Kategorie. Und die andere Kategorie hat inzwischen mitgekriegt, ja, man darf mit Hunden auch was machen, bevor man Probleme hat, damit die erst gar nicht auftauchen. [...]

Hanselmann: Kommen auch Menschen, die nur glauben, sie hätten ein Hundeproblem und haben vielleicht in Wirklichkeit ein eigenes, ein Menschenproblem?

Rütter: Ja, natürlich, in 99 Prozent der Fälle ist das Problem ja nicht der Hund. Also ich habe etwa sechseinhalbtausend Hunde im Training gehabt, und mir fallen jetzt so auf Anhieb keine fünf ein, wo ich sagen würde, oh, dieser Hund war aber genetisch schon wirklich ein Problem, sondern es ist sehr häufig dieses Wechselspiel zwischen Mensch und Hund, also dass die Menschen na ja zum Teil sehr verklärt auf den Hund schauen, sehr menschlich interpretieren und dadurch die Probleme sich wirklich hochschaukeln. Und dann ist es ja für die Menschen immer so erstaunlich, wenn ich mit dem Hund was mache, ist das Problem auf einmal weg, das hat aber nichts mit mir zu tun, sondern einfach nur mit denen.

[...]

Hanselmann: Eine Sache muss ich ansprechen, gerade weil sie wieder durch die Presse gegangen ist: In Cottbus hat ein Hund ein Baby tot gebissen, der Husky hat den Kinderwagen mit dem acht Wochen alten Mädchen umgestoßen und sich dann auf das Kind gestürzt, das Kleine starb dann wenig später an den schweren Bissverletzungen. Herr Rütter, was läuft in solchen Fällen schief?

Rütter: Ja, zunächst kann ich natürlich den Fall nicht beurteilen, weil ich den Hund nicht kenne. Aber ich werde ja als gerichtlicher Gutachter sehr regelmäßig bei solchen Dingen zurate gezogen, und ich erlebe immer wieder, dass die Menschen zwar sagen: ‚Boah, das ist aus heiterem Himmel passiert, wir können es uns nicht erklären'. Wenn ich aber genau nachfrage, erlebe ich immer eine Verhaltenskette, die es angesagt hatte. Ich sage Ihnen ein Beispiel: Ich habe gerade einen Hund im Training, der hat einem sechsjährigen Kind die Achillessehne durchgebissen. Und da sagten die Menschen, ja, der hat den aber so geliebt und sie waren die dicksten Freunde. Und als ich gefragt habe, ‚Mensch, wie hat sich die Liebe geäußert', haben die mir beschrieben, dass dieser Australian Shepherd, dieser Hund, der es getan hat, dieses Kind seit einem Jahr auf Schritt und Tritt verfolgt und eigentlich ständig in einer Lauerposition war zu sagen, so, jetzt kommt der richtige Moment, und dann maßregele ich das Kind. Die Leute fanden es aber niedlich, ‚Ach, guck mal, der latscht immer hinterher', sprich, sie haben es noch unbewusst gefördert, und irgendwann kommt dann der Moment.

Das ist ja auch der Grund, warum ich wirklich ein glühender Fan des ▸ Hundeführerscheins wäre, denn die meisten Beißunfälle, die passieren, die passieren in den eigenen vier Wänden mit Freunden und Bekannten, und noch nicht mal in so einer Situation, wo ein Hund jetzt das Grundstück bewacht. Und das passiert durch Unwissenheit. Das bedeutet, die Menschen sind ja hoch motiviert, mit dem Hund zusammenzuleben, aber interpretieren manchmal die elementarsten Dinge falsch. Und dadurch entstehen Missverständnisse. [...]

Hundeführerschein

Hanselmann: [...] [M]üsste es [nicht] [...] Hunde geben, die zu bestimmten Menschen besser passen als andere, also vom Charakter des Hundes und des Menschen her?

Rütter: Ja, das ist definitiv so, also das erlebe ich manchmal dramatisch, wenn ich zu Hausbesuchen komme und denke: ‚Mein Gott, wieso haben die denn den Hund genommen, der passt doch überhaupt nicht zu denen.' Wir versuchen hier Aufklärungsarbeit zu leisten und die Leute zu beraten, bevor sie einen Hund haben. Und ich sage ein extremes Beispiel: Ich komme zu einem Hausbesuch, da ist eine alleinerziehende Mutter, die hat drei Kinder unter sechs Jahre alt und kauft sich einen Jack-Russell-Terrier-Welpen dazu. Also der Frau kann ich nur Ohrenstöpsel empfehlen, aber mehr auch nicht. Die hat keine Chance, das geht nicht. Also man muss schon ein bisschen schauen, welcher Hund passt zu mir.

Martin Rütter im Gespräch mit Matthias Hanselmann. In: Deutschlandradio Kultur, 24.09.2010

M8 Ausgesetzt!

Und plötzlich ist die Liebe verschwunden. Das eben noch geliebte Tier stört, ist lästig – und soll einfach nur noch weg. Am besten schnell. Klischee? Nein! Jedes Jahr wiederholt sich dieses Drama für geschätzt bis zu 500 000 Tiere in Deutschland. Besonders zur Reisezeit sinkt die Hemmschwelle von verantwortungslosen Tierhaltern. Wenn zwischen Kind und Koffern kein Platz mehr im Auto ist, wissen viele nicht, wohin mit ihrem Haustier. Manchmal klingelt dann auch im Tierheim Krähenwinkel das Telefon und ein Anrufer sagt: „Ich will meine Katze abgeben, weil ich in den Urlaub fahre." Manchmal ist es auch der nervende Hund, die lästige Vogelspinne, das kranke Mini-Schwein. Andere sind skrupelloser: Sie setzen ihre einstigen Lieblinge aus. Endstation Tierheim!

„Und dann macht jedes Tier sein eigenes Drama durch", weiß Doris Peterek, [...] Leiterin des Tierheims Krähenwinkel. Sie hat dafür kein Verständnis: „Tierliebe darf nicht nur von einem Urlaub bis zum nächsten gehen." [...] Doch nicht alle sind „Urlaubsopfer". Krankheit, Finanznot, Scheidung und immer wieder Überforderung lassen Tiere zu Waisen werden. [...] Viele Hunde werden abgegeben, weil sie zum „Problemfall" geworden sind, so die Tierheimleiterin. „Viele haben nach Kindern geschnappt. Aber das ist meist ein Problem der nicht artgerechten Haltung. Das haben die meisten in dieser schnelllebigen Zeit verlernt. Viele informieren sich intensiver, bevor sie ein Auto kaufen, als vorher über ein Tier." Darum ist bei der Vermittlung ausgesetzter Tiere Fingerspitzengefühl gefragt. „Wir geben Tiere nicht an irgendjemanden ab, nur um sie loszuwerden. Wir hinterfragen jeden Interessenten", verrät Peterek. Doch auch wenn es ein Happy End gibt: Eine Narbe bleibt zurück. Peterek: „Ein Tier leidet extrem, wenn es ausgesetzt wird. Es vergisst das nie! Das bleibt hängen und hat Auswirkungen auf späteres Verhalten."

Britta Lüers. In: www.neuepresse.de, 04.07.2013

AUFGABEN ZU T5

1. Stellen Sie der Tierheimleitung für die Besprechung von Debbys Zukunft ein Handout zusammen, auf dem Sie sowohl eine Argumentation für Debbys Einschläferung als auch ihr Weiterleben vorstellen. > T5
2. Debbys Schicksal ist kein Einzelfall. Arbeiten Sie aus dem Interview heraus, was einen Hund zu einem „Problemhund" macht und welche Perspektiven es für diese Hunde gibt. > M1
3. Interpretieren Sie das Bild besonders vor dem Hintergrund der Mensch-Hund-Beziehung. Wie wird der Hund dargestellt, welche Charaktermerkmale werden ihm zugeschrieben? Wie wird der Mensch dargestellt? > M2
4. Kampfhund „lammfromm" – Kampfhund „Bestie": Selbst innerhalb einzelner Hunderassen finden sich Vertreter beider Gruppen. Stellen Sie für jeden Fall in einer Übersicht zusammen, wie der Hund hier allgemein charakterisiert und in seinem Verhalten beschrieben wird. > M3/M4
5. „Rassenliste der Bundesländer" und „Wesenstest": Erarbeiten Sie sich aus den Materialien, was diese zur Problemlösung beitragen können. Ergänzen Sie eigene Vorschläge, die Ihrer Ansicht nach vor allem den Hunden, aber auch ihren Haltern gerecht werden. > M5/M6
6. Erarbeiten Sie sich aus dem Interview mit Martin Rütter einen Überblick zur Ursachenforschung von Aggressionsverhalten bei Hunden. Erstellen Sie dann, auch im Rückgriff auf die Ergebnisse Ihrer bisherigen Arbeit, ein eigenes Konzept zur Haltung von „Problemhunden" in Deutschland. > M5-M7
7. Informieren Sie sich zunächst über den hier beschriebenen Umgang des Menschen mit seinen Haustieren. Stellen Sie darauf aufbauend einen Katalog an Fragen zusammen, den Sie einem potentiellen Haustierkäufer gerne vor seiner Entscheidung vorlegen würden. > M8

T6

Im Zoo:
Ü-bär-zählig

Im Großstadtzoo ist die Aufregung groß. Braunbärin Maluschka hat Nachwuchs bekommen. Bärenkind Joschi wird wie alle flauschigen und niedlichen Tierkinder die Zoobesucher begeistern. So ein Publikumsmagnet kommt Zoodirektor Martens gerade recht: Der Sommer war bislang sehr regnerisch, nun hofft er auf steigende Einnahmen. In allen lokalen Zeitungen wurde über die Geburt berichtet und diverse Interessenten wollen inzwischen die Patenschaft für Joschi übernehmen und seine Haltung finanziell unterstützen. Daran, dass Joschi in ein paar Jahren ein Problem darstellen wird, wenn er von seiner Mutter getrennt werden muss und ein eigenes Gehege benötigt, möchte Martens noch nicht denken. Denn er hat drängendere Sorgen: Bärenmutter Maluschka lehnt ihren Sohn ab. Die Ursache konnten die Zoomitarbeiter nicht erkennen. Fest steht aber, dass das Bärenkind ohne menschliches Eingreifen keine Überlebenschance hat und verhungern würde. Es gibt nun zwei Möglichkeiten: Joschi wird entweder durch einen Pfleger aufgezogen oder er muss getötet werden. Die Handaufzucht von Wildtieren ist nicht ganz unproblematisch: Die starke ▸ Prägung in menschlicher Obhut kann zu gravierenden Verhaltensstörungen führen. Die Ablehnung durch das Muttertier kann zudem durch einen genetischen Defekt oder eine Krankheit des Jungtieres ausgelöst worden sein, obwohl Joschi bisher auf die Zoomitarbeiter gesund wirkt. Auch die zweite Möglichkeit bringt Probleme mit sich: Während die Schlachtung überzähliger Hausschafe und Ziegen aus dem Streichelzoo zur Verfütterung an die Raubtiere Alltag ist und keine großen Diskussionen in der Öffentlichkeit hervorruft, befürchtet Zoodirektor Martens, die Tötung eines niedlichen Tierbabys könnte zum öffentlichen Skandal werden. Entsprechende Fälle, in denen Tierschützer und Medien Stimmung gegen Zoos gemacht haben, kennt er nur zu gut. Martens beschließt deshalb eine Vorwärtsstrategie: So schnell wie möglich möchte er eine Ethikkommission einberufen, die über Joschis Schicksal entscheiden soll.

Prägung

M1 Handaufzucht oder Euthanasie?

Im Dezember 2006 wurde Eisbär-Baby Knut geboren und von seiner Mutter verstoßen. Daraufhin entbrannte unter Tierschützern und Zoo-Direktoren ein heftiger Streit: Sollen von ihren Müttern verstoßene Tiere – wie das Eisbär-Baby – mit der Hand aufgezogen oder eingeschläfert werden?

Obwohl seine Mutter Tosca ihn schon unmittelbar nach seiner Geburt verstoßen hatte, hat der kleine Eisbär Knut bereits dreieinhalb Monate überlebt. Und dank einer Betreuung „rund um die Uhr", wie Ragnar Kühne, Sprecher des Berliner Zoos, versichert, geht es Knut prächtig. Tierpfleger Thomas Dörflein ist gleichsam an Toscas Stelle getreten und umsorgt das Eisbär-Baby. „Wenn das Wetter mitspielt, kann Knut am Wochenende erstmals ins Freie und sich endlich allen zeigen – allein schon deshalb, damit alle wissen: Knut lebt noch", sagte gestern Ragnar Kühne.
Zweifel könnte mancher hegen, der zum Wochenbeginn Berichte („Spiegel", „Bild") verfolgt hat, nach denen Tierschützer die Handaufzucht des Eisbären-Babys als „groben Verstoß gegen das Tierschutzgesetz" kritisiert hatten. Es wäre besser gewesen, den neugeborenen Eisbären mit einer Giftspritze zu töten, nachdem das Muttertier sich nicht um ihn gekümmert habe. Nun drohten Knut wegen der „nicht artgerechten" Aufzucht „lebenslange Verhaltensstörungen". Alle, auch die Kritiker, waren sich gestern einig: „Knut hat ein Recht zu leben und darf auf keinen Fall jetzt noch getötet werden." Aachens Zoodirektor Wolfram Graf-Rudolf, der früher selbst in Münster Eisbären per Hand aufgezogen hat, hegt aber auch Bedenken. Ohne die Mutter, die in der Natur im ersten Lebensjahr extrem wichtig für das Jungtier sei, könne ein Eisbär nicht zum Eisbär werden. „Jedes Mal, wenn der Pfleger weggeht, stirbt er einen kleinen Tod – vor Angst." Das hinterlasse beim Bären einen großen, dauerhaften Schaden. Ragnar Kühne vom Berliner Zoo hält die Gefahr, dass Knut schwere Verhaltensstörungen erleidet, für weniger groß. „Bären sind Einzelgänger und ihr Verhalten ist sehr stark vom Instinkt geprägt. Sie brauchen nicht so viel von anderen zu lernen wie manch andere Tiere." Ähnlich denkt Zoodirektor Ulrich Schüren in Wuppertal, wo bereits seit 1909 Eisbären gehalten werden. „Das ist nicht die erste Handaufzucht eines Eisbären. Wenn Knut zu anderen Bären kommt, wird er schon noch ein richtiger Bär werden", meint Ulrich Schürer. Der Wuppertaler hält die Kritik für eine Provokation, die sich grundsätzlich gegen Zoos richtet. [...] „Den Aufschrei, den es jetzt gibt, weil Knut per Hand aufgezogen wird, hätte es auch gegeben, wenn er eingeschläfert worden wäre", meint der Münsteraner Zoodirektor Jörg Adler. [...] Tierrechtler Frank Albrecht vermutet, dass es den Zoos nur ums Image und Besucherzahlen gehe. „Der erste, nach 33 Jahren im Berliner Zoo geborene Eisbär wird per Hand aufgezogen – klar. Gibt es aber genug Tiere, oder sind sie nichts Besonderes mehr, wird eingeschläfert – wie in Leipzig." In Leipzig war Ende Dezember ein Lippenbär von seiner Mutter verstoßen worden. Der Zoo entschied sich dort gegen eine Handaufzucht – wegen des schlechten Gesundheitszustandes des Tieres und wegen befürchteter Verhaltensstörungen im Falle einer Handaufzucht.

Dieter Dormann. In: www.rp-online.de, 20.03.2007

M2 Magdeburger Tigerurteil

Am 17. Juni 2010 sprach das Amtsgericht Magdeburg vier Mitarbeiter des Magdeburger Zoologischen Gartens wegen gemeinschaftlichen Verstoßes gegen § 17 Nr. 1 Tierschutzgesetz, d. h. Töten eines Wirbeltiers ohne vernünftigen Grund, für schuldig, ohne allerdings die Verurteilung zu einer Strafe auszusprechen [...]. Der Sachverhalt stellt sich wie folgt dar: Nachdem sich der Kater „Taskan" und die Katze „Colina" im Rahmen des Europäischen Erhaltungszuchtprogramms (EEP) für Sibirische Tiger [...] erfolgreich gepaart hatten, teilte der EEP-Koordinator dem Magdeburger Zoo vier Wochen später mit, dass „Taskan" laut neuerer genetischer Untersuchungen einen gewissen Anteil Sumatratigerblut führt und daher mit sofortiger Wirkung vom Artenschutzprogramm auszuschließen ist. Bereits vor dem Geburtstermin diskutierten die zuständigen vier Zoo-Mitarbeiter das weitere Vorgehen und fertigten eine gemeinsam unterzeichnete Erklärung an. Hierin wird davon ausgegangen, dass sich die Jungtiere für eine Erhaltungszucht nicht eig-

Hybrid

nen. Im Magdeburger Zoo selbst lassen sich die ▸ Hybriden nicht dauerhaft unterbringen, und eine Abgabe an andere geeignete Tierhaltungen wird höchstwahrscheinlich nicht möglich sein, weil alle Ressourcen für reinerbige Tiere benötigt werden. Deshalb kann den Jungtieren kein Leben ohne Leiden und Schäden garantiert werden. Gemäß Erklärung ist bei Erstgebärenden der Verlust ihres Wurfs nicht unnatürlich und deshalb auch für das Muttertier schadlos. Letztlich wurde von einer ▸ Abortinduktion wegen der Gefahr von Komplikationen abgesehen. Aufgrund dieser dokumentierten Entscheidungsfindung wurden die drei Tigerwelpen nach der Geburt ▸ euthanasiert.

Abortinduktion

Euthanasie

Goetz Hildebrandt/ Kai Perret/ Klaus Eulenberger/Jörg Junold/Jörg Luy. In: Deutsches Tierärzteblatt 12/2012, S.1700-1701

M3 Ein Steckbrief

Braunbär (Ursus arctos)

Braunbären sind im Allgemeinen Einzelgänger bzw. leben in der Mutterfamilie (Ausnahme während der Paarungszeit). Sie sind echte Winterschläfer und kommen über viereinhalb Monate ohne Futter und Wasser aus. In dieser Zeit setzen sie weder Kot noch Harn ab. Sie decken ihren Nährstoffbedarf ausschließlich aus den Fettvorräten, die sie sich in den Sommermonaten angefressen haben. Im Zoo und Zirkus halten sie aufgrund der zu warmen Ställe sowie der kontinuierlichen Futterversorgung jedoch keinen Winterschlaf. Braunbären zeigen Territorialverhalten. Die Territorien werden mit 20 bis über 100 km^2 angegeben. Braunbären markieren ihr Revier durch Nackenreiben in aufrechter Haltung, durch Tatzenschlagen und Kratzspuren an Bäumen. Sie leben vermutlich monogam, kommen in einem Revier jedoch mehr Weibchen vor, so können sie sich auch polygam verhalten. Die Weibchen bringen ihre Jungen in einer Höhle zur Welt. [...] Sie verbringen je nach Lebensraum die ersten eineinhalb bis zweieinhalb Jahre bei der Mutter. Sowohl Jungtiere als auch erwachsene Braunbären zeigen ein ausgeprägtes Spielverhalten, was auf einen hohen Intelligenzgrad hindeutet. Braunbären, insbesondere Grizzlies schwimmen gerne und ausgiebig.

Lebensraum und Verbreitung:	Bodenbewohner; Waldgebiete Eurasiens und Nordamerikas (Kodiak); Europäischer Braunbär: lichte Wälder in Gebirgsregionen und Tundra
Körpergröße (Kopf-Rumpf-Länge bei adulten Tieren):	Größe abhängig von der Unterart; nimmt in Eurasien von West nach Ost und von Süd nach Nord zu Männchen (Europ. Braunbär): 1,54 – 2,57 m (Kodiak, größte Unterart): bis 3,00 m Weibchen (Europ. Braunbär): 1,20 – 2,39 m
Körpergewicht (adult):	Gewicht ebenfalls abhängig von der Unterart; Männchen (Europ. Braunbär): 105 – 350 kg (Kodiak, größte Unterart): bis 780 kg Weibchen (Europ. Braunbär): 85 – 264 kg
Paarungszeit:	Sommer (Juni – Juli), u. U. heftige Brunsterscheinungen
Tragezeit:	ca. 7 – 8 Monate (inkl. mehrmonatiger Eiruhe)
Wurfgröße:	2 – 3 (4)
Säugezeit:	3,5 – 4 Monate
Eintritt der Geschlechtsreife:	mit ca. 2,5 (–5) Jahren
Lebensalter:	20 – 30 Jahre, alt ab 25 Jahre (in menschlicher Obhut bis 47 Jahre)

Tierärztliche Vereinigung für Tierschutz e. V. (TVT), S. 2

M4 Zoostatistik

Zootiere in Deutschland: ca. 121 000

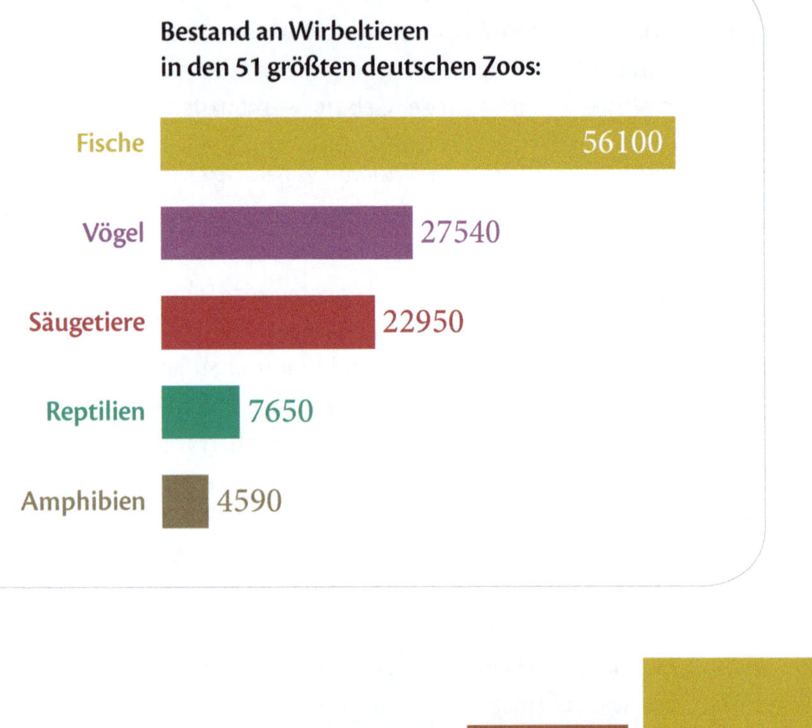

Folgende Flächen (in Quadratmetern) **werden für Zootiere empfohlen** – unverbindlich. In der freien Natur sind die Streifgebiete der Tiere viel größer – bei Schimpansen zum Beispiel etwa 500 Quadratkilometer.

Tiger 200

Schimpansen 250

Eisbär 400

Bären 500

Giraffen 1000

Angaben nach: Anne Gerdes/Malte Werner. In: Die Zeit, 15.05.2014

M5 PETA: Zoos – Gefängnisse für Tiere

In zoologischen Einrichtungen werden Tiere – wie in einem Gefängnis – ihr Leben lang eingesperrt. Zoos geben vor, diese drastische Maßnahme sei für den Artenschutz und die Vermittlung von Wissen über die Tiere notwendig. In Wahrheit verfolgen Zoos jedoch ganze andere Ziele.

Die Artenschutz-Lüge

In Gefangenschaft geborene Tiger, Bären, Menschenaffen, Löwen, Giraffen, Eisbären und viele weitere Tierarten können grundsätzlich nicht ausgewildert werden. Im Zoo verkümmern ihre Instinkte, und die Tiere können wichtige Verhaltensweisen für ein Überleben in der Natur nicht erlernen. Das beständige „Lagern" von Tieren hinter Gittern hat mit Artenschutz nichts zu tun, denn die Tiere verlieren von Generation zu Generation immer mehr natürliche Eigenschaften. Sie sind schließlich nur noch ein trauriges Abbild ihrer stolzen Artgenossen in Freiheit. Echter Artenschutz bedeutet, Tiere in ihrem natürlichen Lebensraum zu schützen. Es nützt keinem Tier, in Zoo-Gefangenschaft vor dem Aussterben bewahrt zu werden. Der Erhalt einer Tierart in immerwährender Gefangenschaft nutzt nur dem Menschen, beispielsweise durch die Möglichkeit, auf genetisches Material zurückgreifen zu können. Doch dies ist eine sehr egoistische bzw. anthropozentrische Sichtweise. Echter Tier- und Artenschutz schützt Tierindividuen und Tierarten um ihrer selbst Willen, nicht für die Zwecke des Menschen. Bei dem weitaus größten Anteil aller Tierarten in deutschen Zoos (über 85 %) handelt es sich nicht um gefährdete Arten. Langfristig erfolgreiche Auswilderungsprojekte können Zoos dagegen kaum vorweisen, und das lebenslängliche Einsperren von unzähligen Tieren und ihren Nachkommen ist durch diese Einzelfälle nicht zu rechtfertigen. […]

Vermitteln Zoos Wissen über Tiere?

In Zoos können Tiere ihre natürlichen Verhaltensweisen und Bedürfnisse nicht ausleben. Die Besucher können nicht sehen, wie Vögel fliegen, Geparden rennen oder Affen in Bäumen klettern. Soziale Interaktionen, die Nahrungssuche oder das Paarungsverhalten sind nicht oder nur sehr eingeschränkt möglich. Der Anblick verhaltensgestörter oder apathischer Tiere zeigt Zoobesuchern ein völlig falsches Bild von Tieren auf. […] Trotz der Behauptung der Zoos, die Zurschaustellung von Tieren in Gefangenschaft würde Menschen für den Erhalt von Tierarten sensibilisieren, ist die weltweite Tigerpopulation seitdem auf aktuell nur noch 3 200 Individuen geschrumpft. […] Kein Zoo der Welt hat durch das Einsperren von Tieren zu einer messbaren Bewusstseinsveränderung in der Bevölkerung beigetragen. […] Im Gegenteil: Die absurde Behauptung, dass Tierarten in Zoos langfristig überleben können, wiegt die Öffentlichkeit in trügerischer Sicherheit. Für viele Menschen verliert der Erhalt der natürlichen Lebensräume von Tieren an Wichtigkeit, denn Zoos geben vor, die Gefangenschaft im Zoo sei mit Artenschutz gleichzusetzen.

Wie geht es Tieren in Zoos wirklich?

Wildtiere haben enorm hohe Ansprüche an ihren Lebensraum. In der Natur erstreckt sich das Revier eines Tigers über mehrere hundert Quadratkilometer; Elefanten wandern bis zu 80 Kilometer am Tag. […] Kein Zoo der Welt kann diesen Tieren auch nur annähernd artgerechte Lebensverhältnisse bieten. Deshalb sind viele Tiere sichtlich verhaltensgestört.

Harald Ullmann. In: http://www.peta.de

M6 Überzählige Tiere in Zoos

Eine getötete Giraffe im Kopenhagener Zoo löste [2014] weltweite Empörung aus. Nun sind dort vier Löwen eingeschläfert worden. Tierparks indes verteidigen die Praxis: Für sie ist das gezielte Töten ein Mittel zur Bestandserhaltung. […] In beiden Fällen erklärt der Zoo sein Vorgehen mit seinem Zuchtprogramm. Das Ziel dabei ist klar: „Die Zoos haben den Auftrag, stark bedrohte Arten zu erhalten" […]. Für die nächsten 200 Jahre sollen 90 Prozent der genetischen Vielfalt einer Tierart erhalten werden. „Unsere Wunschvorstellung wäre: für alle Ewigkeit und 100 Prozent, aber das ist nicht realistisch", sagt Helmut Mägdefrau, Zoologe und stellvertretender Direktor des Nürnberger Tiergartens. Deswegen ist er der Meinung, es sei nicht zu vermeiden gewesen, die Tiere zu töten. „Für die Kollegen in Kopenhagen war es sicherlich keine leichte Entscheidung." Die Zoos stehen nach seinen Worten vor einem Dilemma: „Einerseits haben wir unsere Moralvorstellungen, andererseits kennt die Natur keine Moral." Denn Zoos haben das gleiche Problem wie die Menschen auf der Erde: Der Platz ist begrenzt. […]. Wenn Tiere überzählig sind, wird routinemäßig nach Plätzen in anderen Tierparks gefragt. Vor allem die rund 400 Zoos in Europa sind eng vernetzt. Erfolgreich sind diese Versuche aber selten, denn Leerstand gibt es kaum. Auch Auswildern sei keine Lösung, sagt Mägdefrau. Zum einen seien auch viele Nationalparks übervölkert – allein in Afrika müssten in naher Zukunft 30 000 Elefanten geschossen werden. Zum anderen müsste der Schutz der Tiere in der Freiheit gewährleistet sein. Doch die Zerstörung des Lebensraums und die Wilderei verhinderten das. Der Tiergarten Nürnberg gibt Tiere deswegen auch an Privatleute ab – aber natürlich nur, wenn die Unterbringung artgerecht ist, was bei Löwen und Giraffen nicht so einfach ist.

Tiere haben eine biologische Fortpflanzungsrate. Doch sehr viele Jungtiere in freier Natur sterben früh. […] Zootiere dagegen leben unter ähnlichen Bedingungen wie die meisten Deutschen: Sie haben Reviergarantie, Futtersicherheit und medizinische Versorgung. Die Bestände wachsen, der Platz für die Tiere reicht nicht aus. Gegensteuern kann man nur auf zwei Wegen: durch Geburtenkontrolle oder eine künstlich eingeführte Sterberate. „Eine dritte Möglichkeit gibt es nicht", sagt Mägdefrau. „Wir müssen bereit [...] sein, überzählige Tiere zu töten." Das sei die tierfreundlichere Lösung. „Das Trennen der Geschlechter kann sehr belastend sein, vor allem für Tiere, die in sozialen Verbänden leben", sagt der Frankfurter Zoo-Kurator [Thomas] Willms. Außerdem nähmen Empfängnisverhütung oder die getrennte Haltung von Männchen und Weibchen den Tieren die Möglichkeit zur Jungtieraufzucht und damit ihr Familienleben. „Als Mensch können sie sich entscheiden, ob sie Kinder wollen oder Karriere machen oder Squash spielen", sagt Mägdefrau. „Wildtiere können das nicht." Verhütung birgt noch ein weiteres Problem: Vor allem bei Bären und Großkatzen kann sie dazu führen, dass die Tiere zeitweilig oder dauerhaft unfruchtbar werden. Die weitere Zucht und damit die Erhaltung der Tierart werden so gefährdet. Also betreiben Zoos – so wie jetzt in Kopenhagen – eine künstliche Auslese. Die getöteten Tiere werden an Raubtiere verfüttert – etwa 15 bis 20 Prozent des verfütterten Fleischs kommen aus eigenem Bestand. So kann man sicherstellen, dass die Tiere aus artgerechter Haltung stammen und keine Transporte hinter sich haben. Eine Tötung der Tiere zur Bestandserhaltung der Art lässt das deutsche Tierschutzgesetz nicht zu. „Leider", sagt Thomas Willms. Die Tiere dürfen also nur dann getötet werden, wenn sie anschließend auch verfüttert werden. Dass die Kopenhagener Giraffe vor Publikum und sogar vor Kindern zerlegt wurde, ist aus Sicht von Helmut Mägdefrau nicht schlimm. „Zoos haben inzwischen einen Bildungsauftrag, den sie früher nicht hatten." Kinder seien da unvoreingenommen. „Es ist eine reine Vernunftentscheidung. Alles andere ist Gefühlsduselei." Die Empörung über den Kopenhagener Zoo ist indes unverändert groß: Mehr als 45 000 Menschen unterschrieben bis zum Mittwochnachmittag eine Online-Petition mit dem Titel „Sagt dem Kopenhagener Zoo, dass er aufhören soll, gesunde Tiere zu töten!!"

Sebastian Mayr. In: www.faz.net, 26.03.2014

M7 Zoo der Zukunft

Nachdem die Verfütterung einer Giraffe in einem dänischen Zoo große Empörung ausgelöst hatte, erschien in einer Kolumne des ZEITmagazins folgendes fiktive Fachgespräch über den Zoo-Speiseplan der Zukunft:

ZEITmagazin: Normalerweise veröffentlichen wir an dieser Stelle keine Interviews. Danke, dass Sie sich zur Verfügung stellen, Herr Doktor Samsa.

Herr Doktor Samsa: Gerne.

ZEITmagazin: Sie sind Direktor des Zoos von Kopenhagen. Ihr Zoo hat vor einigen Jahren einen Shitstorm erlebt ...

Samsa: Unter meinem Vorgänger, ja. Der Kollege hat eine Giraffe töten lassen und sie vor Publikum an die Löwen verfüttert. Zoos sollen die Natur zeigen, tja, so läuft es in der Natur nun einmal. Fressen und gefressen werden. Der Tod gehört dazu. Der Tod soll kein Tabu sein. Das war die Idee.

ZEITmagazin: Die Empörung war riesig.

Samsa: Das hatte er unterschätzt. Giraffen sind Sympathieträger. Normalerweise verfüttert man Schweinefleisch, Rind, da ist die Akzeptanz des Publikums etwas größer. Die meisten essen ja selber gern Schnitzel, da kann man es dem Löwen schlecht verbieten. Irgendein Tier muss der Löwe fressen. Den meisten Leuten ist das klar.

ZEITmagazin: Aber es soll keine Giraffe sein.

Samsa: Auf keinen Fall. Wobei der Widerstand gegen das Verfüttern von Tieren insgesamt von Jahr zu Jahr gewachsen ist. Ich habe dann eine Idee gehabt, wie man unser Problem mit den Futtertieren elegant lösen kann. Wir haben die Futterwanze gezüchtet. Besser gesagt, gentechnisch hergestellt. Die Futterwanze ist, trotz des Namens, ein Säugetier, aber sie sieht wie ein großes Insekt aus, etwa so groß wie ein Schaf. Sie hat kein Fell, und Fühler. Wir haben beim Designen darauf geachtet, dass dieses Tier beim menschlichen Betrachter keinerlei positive Emotionen weckt. Das ist uns ganz gut gelungen, finde ich. Das Fleisch aber ist hervorragend.

ZEITmagazin: Und der Gestank ...

Samsa: Beeindruckend, nicht wahr? Den Löwen macht es nichts aus. Unsere Tierdesigner haben sich noch andere kleine Gimmicks einfallen lassen. Beachten Sie den grünen Schleim, der aus dem Tier permanent heraussickert. Und die Futterwanze gibt natürlich ständig diese Schreie von sich. Falls Ihnen das Geräusch bekannt vorkommt, es ist der Ton, der entsteht, wenn Sie mit den Fingernägeln über eine Schiefertafel kratzen. Keiner hält das lange aus.

ZEITmagazin: Die Proteste der Tierschützer gegen die Löwenfütterung haben nachgelassen.

Samsa: Erst mal, ja. Die Futterwanze verhält sich dem Menschen gegenüber durchweg bösartig, sie ist dabei definitiv unintelligent, extrem unreinlich, sie kotet alle drei bis vier Minuten und hat keinerlei Familiensinn. Jungtiere werden sofort verstoßen. Die Sexualpraktiken der Futterwanze sind so widerlich, dass ich nicht näher darauf eingehen möchte. Da stimmt einfach alles bei diesem Tier. Ich hätte nie gedacht, dass unsere Futterwanze jemals eine Lobby bekommt. Aber es ist passiert.

ZEITmagazin: Sie spielen auf die Proteste der Genfood-Gegner an.

Samsa: Es heißt, dass wir unseren Löwen in Gestalt der Futterwanze gentechnisch veränderte Lebensmittel geben, die nicht vorschriftsmäßig gekennzeichnet sind. Das sei Tierquälerei. Ich bitte Sie! Ein Löwe frisst doch nichts, was ihm nicht guttut.

ZEITmagazin: Als Ergebnis dieser jahrelangen Auseinandersetzungen werden demnächst alle europäischen Zoos geschlossen. Was passiert dann mit Ihren Tieren, Doktor Samsa?

Samsa: Wir versuchen, möglichst viele von ihnen in den Reservaten auszuwildern. Die Frage ist: Was wird aus unseren Futterwanzen? Wir haben Aufrufe gestartet, Anzeigen geschaltet, wir haben alles probiert, aber keiner möchte so ein Tier haben. Ich fürchte, wir werden nicht darum herumkommen, den gesamten Bestand zu töten. Dass mir als Zoologen da das Herz blutet, muss ich wohl nicht extra betonen.

Harald Martenstein. In: ZEITmagazin 11/2014

AUFGABEN ZU T6

1 Stellen Sie die Funktionen und Möglichkeiten, die Sie einem Zoo zuschreiben, katalogartig zusammen.

2 Erarbeiten Sie, worin die Probleme des Zoos in der aktuellen Situation mit Maluschka und Joschi zu sehen sind. > T6

3 Zoodirektor Martens hat nun die Ethikkommission einberufen, in ihr sind vertreten: eine Tierärztin, ein erfahrener Tierpfleger des Zoos, eine Wildbiologin, eine Philosophin und ein Tierschützer. Setzen Sie deren Diskussion und abschließende Handlungsempfehlung als Rollenspiel um. Unterstützen Sie die Vorbereitung der Rollenspielerinnen und Rollenspieler durch eine inhaltliche Vorbereitung. > T6/M1-M3

4 Erarbeiten Sie sich eine eigene Position zu der Frage, ob man Wildtiere in Zoos halten sollte. Diskutieren Sie Ihre Positionen abschließend in Ihrer Lerngruppe. > M3-M5

5 „Wir müssen bereit […] sein, überzählige Tiere zu töten", sagt der Zoologe Helmut Mägdefrau. Prüfen Sie, inwiefern diese Aussage einer ethischen Beurteilung standhält. Verfassen Sie abschließend einen kurzen Leserbrief, der Ihre Einschätzung der Sachverhalte widerspiegelt. > M6

6 Nehmen Sie Bezug zu Harald Martensteins Vision und entwickeln Sie, auch zurückgreifend auf Ihren Katalog der Funktionen und Möglichkeiten eines Zoos (Aufgabe 1), Ihre Version eines „Zoos der Zukunft". > M7

T7

Auf der Jagd: Ein Stück Wild in Schussweite

vergrämen
Adrenalin

Heute ist Sebastians großer Tag. Sein Vater hat ihm versprochen, ihn mit auf die Jagd, die sogenannte Pirsch, zu nehmen. Seit ein paar Wochen planen sie schon den Ausflug und nun verstauen sie endlich die Ausrüstung im Auto und machen sich auf den Weg zum Hochstand. Es ist vier Uhr morgens und noch tiefschwarze Nacht, als sie den Pirschweg erreichen und das letzte Stück zu Fuß zurücklegen. Sie bewegen sich so leise und unauffällig wie möglich, um das Wild nicht zu ▸ vergrämen. Auf dem Hochsitz angekommen, heißt es warten, möglichst ohne einzuschlafen. Aber Sebastian ist ohnehin viel zu aufgeregt, an Schlaf ist gar nicht zu denken. Er fühlt es heute das erste Mal: das sogenannte Jagdfieber, das das ▸ Adrenalin durch den Körper treibt und das Herz zum Klopfen bringt. Schon als kleiner Junge hatte er gebettelt, auch einmal mit auf die Pirsch gehen zu dürfen. Zahlreiche Trophäen, wie z. B. Hirschgeweihe, Fasanenfedern oder Fuchsfelle, hängen zu Hause im Kaminzimmer. Viele davon stammen noch von seinem Uropa. Die Jagd hat in Sebastians Familie eine lange Tradition. Wie bereits sein Urgroßvater und Großvater ist auch sein Vater Jäger; er hat ein Waldstück gepachtet und besitzt einen Jagdschein. Als Jäger sorgt er unter anderem dafür, sogenannte Wildschäden in Grenzen zu halten. Solche durch Wild verursachte Schäden an Saat, Feldfrüchten und Bäumen bedeuten für Bauern einen Ernteverlust und führen zu weniger Artenreichtum im Wald. Die Jagd hat insofern auch ökologische Gründe, wie Sebastian schon früh von seinem Vater gelernt hat.

Rotte
Stück

Inzwischen hat die Dämmerung eingesetzt und mit den Ferngläsern beobachten Vater und Sohn das Feld. Eine Stunde vergeht, in der nur das Rauschen des Windes zu hören ist. Eine Schar Kraniche zieht vorbei. Noch ehe ihr Ruf ganz verhallt, wird Sebastian plötzlich von seinem Vater angetippt und auf etwas im Feld aufmerksam gemacht. Eine ▸ Rotte junger Wildschweine trollt verspielt heran. Nun heißt es leise abwarten, bis ein ▸ Stück in Schussweite kommt. Dann endlich ist es soweit – der tödliche Schuss fällt und ein Tier bricht quiekend zusammen. Während der Rest der ▸ Rotte erschreckt in den Wald flieht, steigt Sebastians Vater vom Hochsitz herunter und nähert sich dem am Boden liegenden Schwein, das – wie er seinem Sohn zuruft – weiblich und ungefähr zwei Jahre alt ist. Sebastian folgt angespannt und beobachtet, wie sein Vater sich als Zeichen des Jagderfolgs einen Zweig an den Hut steckt. Nun kommt der Teil der Jagd, vor dem sich Sebastian bisher heimlich gefürchtet hat. Der Tierkörper muss an Ort und Stelle eröffnet und ausgeweidet werden. Als sein Vater ihm das Jagdmesser reicht, bilden sich kleine Schweißperlen auf Sebastians Stirn und er spürt einen Kloß im Hals. Nur zögernd wendet Sebastian den Blick von den ausdruckslosen Augen des Wildschweins ab. Er ergreift zitternd das Messer seines Vaters.

M1 Pro und Contra Jagd

Beim Thema Jagd scheiden sich die Geister in Deutschland. Manche sehen darin einen blutigen Freizeitspaß, für andere sind die Waidmänner Naturfreunde, die durch den Abschuss die Wildbestände regulieren und so den Wald pflegen. Die Diskussion für oder wider die uralte Tradition der Grünröcke wird schon seit Jahrzehnten heiß geführt.

Hege und Pflege von Wald und Wild

pro Die Jäger sehen sich in der Verantwortung für die Hege und Pflege der Natur und der Wildtiere. Ohne ihr Zutun würden die Wildbestände Überhand nehmen und den Wald und die Flur schädigen. Da die natürlichen Feinde von Rot- und Schwarzwild zurückgegangen sind, wirken die Jäger regulierend in das Gleichgewicht der Bestände ein. Denn zu viel Wild führt zum Verbiss besonders junger Baumtriebe.

contra Jagdgegner sehen in den Waidmännern dagegen die wahren Verursacher von Wildschäden. Sie vertreten die Meinung, dass die Tiere durch die Jagd aufgescheucht würden, was ihren Bedarf an Futter steigere und auch die Fressschäden. Dass Wildtiere erheblichen Schaden verursachen, dient aus Sicht der Jagdgegner nur als Vorwand, um längere Jagdzeiten oder höhere Abschussquoten durchzusetzen. Den Bestand von Wild durch Jagd zu beeinflussen, ist nach ihrer Meinung nicht notwendig. Die Natur helfe sich bei verstärkter Vermehrung einer Tierart selbst.

Moralische Aspekte des Jagens und Tötens

pro Die Durchsetzung des Tierschutzes ist für die Mehrheit der Jäger ein elementarer Aspekt ihrer Arbeit, die Grundvoraussetzung ihres Handelns. Jagd ist weit mehr als Töten. Das intensive Naturerlebnis bevor ein Tier erlegt wird steht für die Waidmänner im Vordergrund. Außerdem, so die Argumentation, töte kein Jäger Wild aus purer Freude am Töten. Es gehe vielmehr darum, den Wald und die Tiere für den Menschen nutzbar zu machen. Wenn einzelne Tiere getötet werden, ist die gesamte Art noch lange nicht bedroht. Außerdem können Jäger Tiere in Anbetracht einer intensiven Ausbildung so erlegen, dass sie nicht unnötig leiden müssen.

contra In diesem Punkt sind die Jagdgegner ganz anderer Meinung. Sie behaupten, dass die Tiere oft nur angeschossen werden. Die Nachsuche daure oft Stunden. Bis es zum tödlichen Schuss komme, schleppten sich die angeschossenen Tiere noch qualvoll durch den Wald. Vom Schrot der Jäger würden ebenso unzählige andere Tiere, besonders Vögel getroffen. Hinzu kommt, dass die Jäger aus Unachtsamkeit auch viele Haustiere wie Hunde und Katzen jährlich erlegen würden.

Sabine Kaufmann. In: www.planet-wissen.de, 08.08.2014

M2 Jagen mit Herz

Haben Sie schon einmal im Wald übernachtet? „Wenn man morgens aufwacht, das erste Licht sieht, den würzigen Waldboden riecht", sagt Gert G. von Harling, „das sind Glücksmomente. Dann ist es egal, ob der Wasserhahn leckt oder das Auto eine Delle hat." Der 63 Jahre alte Jäger und Jagdschriftsteller aus Lüneburg geht heute noch morgens um vier Uhr auf die Pirsch und in die Natur, bevor er um acht Uhr vor dem Computer sitzt.

Die Bilanz, die Harling nach fast fünf Jahrzehnten Jagd zieht, ist ernüchternd. Vieles von dem, was die Jagd als selbstverständlichen Teil des Lebens ausmachte, ist verloren gegangen. Sei es durch die stetige Veränderung der Landschaft oder das Verschwinden von Tierarten, durch bürokratische Hemmnisse oder sei es, ganz entscheidend, durch die gedankenlose Einstellung mancher Jäger. Gert G. von Harling ist auf dem Land groß geworden, selbst ein Teil der Natur geworden. „Ich habe im Prinzip mit der Jagd angefangen, als ich laufen konnte." Mit acht Jahren wusste er, wie ein Luftgewehr funktioniert, mit neun konnte er ins Jagdhorn blasen. An der Außenwand seines Schlafzimmers […] hing ein riesiges Hirschgeweih. „Wir kannten die Natur, jeden Vogel, jedes Insekt." Ein „Wildmeister" lehrte: „Wenn du ein ▸Stück Wild erlegen willst, musst du dich in seine Lage hineinversetzen." Ein Jäger muss wissen, dass der Hase ein Feinschmecker ist, welche Kräuter er schätzt. Dann weiß er auch, wo er zu finden ist. Man kann die Jagd nicht im Crashkurs lernen. „Jagdschulen" sollen heute in drei Wochen alles vermitteln, was sich Harlings Generation ein Leben lang aneignete. Drei Wochen, um zum Herrn über Leben und Tod zu werden. […]

Stück

Jagd hat viel mit Respekt zu tun. „Das bedeutet: Ehrfurcht vor der Schöpfung", sagt Harling. „Zur Schöpfung gehört das Erleben der Natur. Die Tautropfen, die Himmelsfärbung, das Konzert der Vögel, selbst ein Mückenschwarm. Ein Wunder! Ich bin ein gläubiger Mensch – für mich gehören Leben und Tod selbstverständlich zusammen. Mir ist nach der Jagd völlig klar, dass ich ein Leben ausgelöscht habe." Indianer und andere Naturvölker sollen rund um ein erlegtes Tier getanzt, sich bei ihm entschuldigt haben. „Ein schöner Brauch", sagt Harling, der viele Jahre berufsmäßig im Ausland gejagt hat. Zu seinem Verständnis gehört auch, dass er ehrenamtlich kranke Menschen betreut.

Einen Jagdschein kann man erwerben, Moral und Ethik nicht. Erfahrene Jäger wünschen sich, dass sich jeder Waidmann intensiv mit der Natur beschäftigt, bevor er loszieht. Warum soll *der* Bock geschossen werden und der andere nicht? Warum ist es ganz normal, 50-mal auf die Pirsch zu gehen und vielleicht nur einmal zu schießen? Früher war es verpönt, ohne Hund zu jagen. Heute wird das durch die Technik wettgemacht. Viele moderne Jäger sind hochgerüstet, mit Nachtsichtgeräten und Spezialpatronen für jeden Zweck. Wenn sich die Leute über Schüsse aus 200 Meter Entfernung freuen, schüttelt Harling nur mit dem Kopf: „Mein Ausbilder sagte: Du bist Jäger und nicht Kunstschütze."

Heute kommen viele Jagdpächter aus der Stadt, parken ihren Geländewagen in einer Schneise, gehen hundert Meter bis zum Hochsitz und verschwinden schnell wieder. Der Umgang mit der Natur hat sich verändert. Tiere sind für viele Stadtmenschen keine wilden Lebewesen mehr. Sie kennen den Hirsch aus dem Tierpark, haben aber noch nie ein Reh in freier Wildbahn gesehen. […] Die klassische Jagd ist zeitaufwendig, das Heranpirschen im Winter kalt und unbequem. Da sitzen manche Jäger doch lieber in der Kanzel, womöglich noch beheizt, und warten. Zu perfekt organisierten „Gesellschaftsjagden" sind oft mehr als hundert Schützen eingeladen. Harling hatte in der vergangenen Saison von Ende Oktober bis Januar wieder zahlreiche Einladungen. Menschen, die sonst nicht zur Jagd gehen, werden zum Stand gebracht und lassen sich das Wild zutreiben. Es gibt inzwischen sogar Zuchtbetriebe, in denen Hirsche angefüttert werden, nur damit sie wegen ihrer prächtigen Geweihe abgeschossen werden können. Seine Kinder, weiß Gert G. von Harling, werden nicht mehr so jagen können, wie er es noch gelernt hat. „Ich werde von vielen belächelt. Aber ich sehe uns als die Generation, die noch mit dem Herzen jagt."

Christian-A. Thiel. In: www.abendblatt.de, 05.04.2008

M3 „Ja" zum Schlachten – „Nein" zur Jagd?

Wer auf die Jagd geht, setzt alles daran, ein Tier zu töten. Man kommt um diese Tatsache nicht herum, auch wenn man sich noch so sehr bemüht, sie sprachlich in einem milden oder auch pragmatischen Licht erscheinen zu lassen. Jäger „erlegen" ein ▸„Stück Wild", sie „machen Strecke", oder sie „erfüllen" den geforderten „Abschuss". Wie auch immer: Am Ende sind das Reh, das Wildschwein, der Fuchs, der Hase tot. Sie sind zur Beute des Jägers geworden, der darüber eine tiefe Befriedigung empfindet. Um es vorsichtig auszudrücken: Nicht alle Zeitgenossen können dieses Gefühl nachvollziehen. […]

Wenn heutige Jäger ihrer Beute mit bestimmten Ritualen – dem „letzten Bissen" und dem „Verblasen" – die Ehre erweisen, gilt das vielen als verlogene, sentimentale Folklore. Und als Provokation. Das hängt damit zusammen, dass sich die Jagd dem modernen Gebot widersetzt, das Töten von Tieren, das ja täglich millionenfach geschieht, dem Blick der Öffentlichkeit zu entziehen. Richtige Schlachtfeste, zu denen eben auch das Quieken der Sau und der dicke Blutstrahl gehörten, der unter fleißigem Rühren in einer Schüssel aufgefangen wurde, gibt es auf den Dörfern schon lange nicht mehr. Die Hausschlachtung beginnt heute mit dem außerhäusigen Töten im Schlachthof. Der „Endverbraucher" im Supermarkt, der im Durchschnitt viel mehr Fleisch verzehrt als seine Vorfahren, kommt überhaupt nicht mehr damit in Berührung, dass für Schnitzel, Hackfleisch und Hähnchenbrust getötet werden muss. Er kann das leicht verdrängen und wird dazu von der Werbung regelrecht eingeladen. Ist vor diesem Hintergrund die Jagd nicht völlig unzeitgemäß? Sie widersetzt sich in der Tat der mächtigen kulturellen Tendenz der Verdrängung des Todes und des Tötens. Das ist gut so. Darin liegt die Faszination, die sie auch auf jene ausübt, die der Jagd kritisch gegenüber stehen. Wenn man den Rücken des selbst erjagten Rehs gesellig verspeist, kommt zusammen, was zusammen gehört, in der modernen Zivilisation aber getrennt ist: der Tod und das Leben.

Eckhard Fuhr. In: www.jaegerstiftung.de, 19.10.2010

M4 Auszug aus dem Bundesjagdgesetz

§ 1 Inhalt des Jagdrechts

(1) Das Jagdrecht ist die ausschließliche Befugnis, auf einem bestimmten Gebiet wildlebende Tiere, die dem Jagdrecht unterliegen, (Wild) zu hegen, auf sie die Jagd auszuüben und sie sich anzueignen. Mit dem Jagdrecht ist die Pflicht zur Hege verbunden.

(2) Die Hege hat zum Ziel die Erhaltung eines den landschaftlichen und landeskulturellen Verhältnissen angepassten artenreichen und gesunden Wildbestandes sowie die Pflege und Sicherung seiner Lebensgrundlagen; [...] Die Hege muss so durchgeführt werden, dass Beeinträchtigungen einer ordnungsgemäßen land-, forst- und fischereiwirtschaftlichen Nutzung, insbesondere Wildschäden, möglichst vermieden werden.

[...]

§ 21 Abschussregelung

(1) Der Abschuss des Wildes ist so zu regeln, dass die berechtigten Ansprüche der Land-, Forst- und Fischereiwirtschaft auf Schutz gegen Wildschäden voll gewahrt bleiben sowie die Belange von Naturschutz und Landschaftspflege berücksichtigt werden. Innerhalb der hierdurch gebotenen Grenzen soll die Abschussregelung dazu beitragen, dass ein gesunder Wildbestand aller heimischen Tierarten in angemessener Zahl erhalten bleibt und insbesondere der Schutz von Tierarten gesichert ist, deren Bestand bedroht erscheint.

(2) ▸ Schalenwild (mit Ausnahme von Schwarzwild) [...] [darf] nur auf Grund und im Rahmen eines Abschussplanes erlegt werden, der von der zuständigen Behörde im Einvernehmen mit dem Jagdbeirat (§ 37) zu bestätigen oder festzusetzen ist. [...] Der Abschussplan für ▸ Schalenwild muss erfüllt werden. Die Länder treffen Bestimmungen, nach denen die Erfüllung des Abschussplanes durch ein Abschussmeldeverfahren überwacht und erzwungen werden kann; sie können den körperlichen Nachweis der Erfüllung des Abschussplanes verlangen.

Schalenwild

(3) Der Abschuss von Wild, dessen Bestand bedroht erscheint, kann in bestimmten Bezirken oder in bestimmten Revieren dauernd oder zeitweise gänzlich verboten werden. [...]

www.gesetze-im-internet.de/bundesrecht/bjagdg/

M5 Wald gegen Wild

Reh- und Rotwild sind in den Augen vieler Waldbesitzer und Forstleute in erster Linie Schädlinge. Sie behindern das Aufwachsen eines gesunden Mischwalds, indem sie den sprießenden Pflanzen die Knospen verbeißen und die Rinde an den Stämmen halbstarker Bäume schälen oder ▸ verfegen. Rehe sind hierzulande die kleinste und am weitesten verbreitete ▸ Schalenwildart. Im Jagdjahr 2009/2010 wurden in Deutschland 1 153 073 Rehe geschossen, weitere 214 483 wurden als Fallwild, vornehmlich Opfer des Straßenverkehrs, gemeldet. Daraus ergibt sich ein Bestand von mehr als zwei Millionen Tieren im Frühjahr, wenn die Kitze geboren sind.

verfegen

Schalenwild

Ganz anders sieht es beim Rotwild aus. Sein Bestand wird mit rund 180 000 Tieren für Deutschland angegeben. 67 356 wurden im vorletzten Jagdjahr erlegt, 2749 kommen als Fallwild hinzu. Nach Meinung vieler Jäger und mancher Naturschützer ist der Rotwildbestand in deutschen Revieren viel zu niedrig. Viele Politiker und Forstwirte wiederum halten die Bestandszahlen für zu hoch. Für sie gilt die Parole „Wald vor Wild". Die andere Seite wirbt für „Wald und Wild", also für eine gleichmäßig verteilte Besiedlung durch das Rotwild.

In einigen Bundesländern wurden rotwildfreie Gebiete geschaffen, in denen keines der Tiere geduldet wird und sofort abzuschießen ist. Besonders eifrig tut sich dabei der Freistaat Bayern hervor. Nach Angaben der Deutschen Wildtier-Stiftung, die sich für die nach der Ausrottung von Wisent und Elch größte Wildtierart in Deutschland einsetzt, leben in Bayern Rothirsche auf nur 14 Prozent der Landesfläche – die sind amtlich als Rotwildbezirke ausgewiesen. Verlassen die Tiere, die als ehemalige Steppenbewohner die offene Landschaft als Lebensraum bevorzugen und gerne weite Wanderungen unternehmen, die Grenzen dieser Räume, sind sie bald tot.

Jäger, die in den rotwildfreien Gebieten ein Revier haben, sind zum Abschuss verpflichtet. Auf diese Weise sind ganze Regionen wie der Steigerwald, die Fränkische Alb, der Frankenwald, große Teile des Bayerischen Walds und weite Agrarlandschaften frei von den Tieren. [...] „Edelhirsche" (Rotwild war früher dem Adel als Jagdbeute vorbehalten) beschränken sich nicht auf enge Reviergrenzen, sondern ziehen in mancher Nacht mehr als 20 Kilometer weit. Daher reichen zur artgerechten Bewirtschaftung der Bestände die Hegeringe nicht aus. Die Inhaber von Jagdrevieren mehrerer Hegeringe schließen sich immer öfter zu Rotwildhegegemeinschaften zusammen, um großräumig auf einigen 10 000 Hektar zu hegen und zu jagen. Das erfordert mitunter den Verzicht auf Abschüsse im eigenen Revier, wenn man eine ausgewogene Population aufbauen und gleichzeitig den Schaden begrenzen möchte. Man könnte jedenfalls in Deutschland leicht doppelt so viele Rothirsche wie jetzt haben. Man müsste nur Hegegemeinschaften einrichten, Jagdzeiten verkürzen, die Nachtjagd verbieten, rotwildfreie Zonen aufheben, Ruhezonen einrichten, Wildschäden in einer Größenordnung von bis zu fünf Prozent akzeptieren, zusätzliche Wildbrücken über Autobahnen bauen, mit der Landschaftszersiedelung aufhören und den jährlichen Jagdbetrieb am Rotwild als Leitart orientieren. So wäre dem Hirsch geholfen – auch wenn der Wolf sich weiter bei uns ausbreiten und im Sommer manches Hirschkalb reißen sollte.

Carl-Albrecht von Treuenfels. In: www.faz.net, 21.05.2011

M6 Mensch und Natur – (k)ein Zusammenspiel?

Ursprünglich gab es für Menschen zwei gute Gründe, Tiere zu jagen: Sie brauchten etwas zu essen und verarbeiteten die Reste zu Kleidung und Gebrauchsgegenständen. Heute stellen immer mehr Menschen den Sinn der Jagd in Frage. Zwar wird das Fleisch der erlegten Tiere immer noch gegessen und Jäger führen an, dass sie die Zahl der Tiere regulieren müssen, um ökologische und wirtschaftliche Schäden zu verhindern. Doch Jagdkritiker wie Ragnar Kinzelbach, Zoologe an der Universität Rostock, lassen solche Argumente nicht gelten: „Letztlich dient die Jagd nur dem Spaß und der Befriedigung der Mordlust der Jäger", sagt er. „Die Jagd ist überflüssig. Wenn man sie einstellt, regulieren sich die Bestände von allein." Nach Ansicht von Naturschützern ist der

Mensch zumeist selbst schuld, wenn sich Tiere irgendwo so stark vermehren, dass sie zur Belastung werden. Er zerstöre die Natur, pflanze Monokulturen und wundere sich dann, wenn sich Tiere an bestimmten Stellen konzentrieren. Dass etwa riesige Raps- oder Maisfelder für Wildgänse, die am Polarkreis brüten und in Deutschland Rast machen, ein gedeckter Tisch sind, sei nicht die Schuld der Vögel, sondern die der Landwirtschaft und der Agrarpolitik. Dies gilt auch für Wildschweine, für die endlose Maisfelder regelrechtes Mastfutter sind. „Durch Überdüngung und Nährstoffeinträge aus der Luft steigt das Pflanzenwachstum, die Tiere haben mehr zu fressen, überstehen Phasen schlechten Wetters besser, und vermehren sich entsprechend stark", sagt der Münchner Wildtierexperte Josef Reichholf. Zudem hat der Mensch die meisten Raubtiere ausgerottet, so dass das Wild keine natürlichen Feinde mehr hat. Andernorts hat er Tiere in Gegenden ausgesetzt, wo sie nicht hingehören und reagiert verärgert, wenn sie es wagen, dort etwas zu fressen. Das gilt etwa für die Nilgänse, die seit kurzem auch in einigen Bundesländern gejagt werden dürfen. Eine weitere Absurdität ist nach Ansicht von Jagdkritikern die Winterfütterung. „Die Jäger mästen sich in unseren Wäldern gigantische Rot- und Rehwildbestände heran, nur um sie anschließend abschießen zu können", sagt Kinzelbach.

Dem hält Stephan Bröhl vom Deutschen Jagdschutzverband (DJV) entgegen, dass die Fütterung nur in Ausnahmefällen bei extremen Wetterlagen praktiziert werde, „um zu verhindern, dass Tiere verhungern, und um zu vermeiden, dass sie die Bäume im Wald annagen". Tatsächlich sind die Schäden durch Wildverbiss riesig, muss auch Kinzelbach zugeben. In mehr als 80 Prozent der Reviere leiden Laubbäume wie die Eiche unter teils starkem Verbiss. Drei Viertel der Tannen sind geschädigt, wie die baden-württembergische Landesforstverwaltung in ihrem „Forstlichen Gutachten 2007" feststellte. Doch auch das ist nach Ansicht von Kinzelbach letztlich die Schuld des Menschen. Rehe, früher tagaktive Tiere, seien nur durch die Jagd zu scheuen, nachtaktiven Waldbewohnern geworden. „Wenn man die Rehe nicht jagen würde, würden sie sich auch nicht so sehr im Wald aufhalten und dort alles anknabbern", argumentiert der Rostocker Zoologe. „Es kann nicht sein, dass die 0,3 Prozent der Bevölkerung, die einen Jagdschein haben, für fast 80 Millionen Menschen bestimmen, wie unsere Wälder in Zukunft aussehen werden", sagt Rainer Wagelaar, Forstwissenschaftler an der Fachhochschule Rottenburg und Vorsitzender des Ökologischen Jagdverbandes (ÖJV). Doch die Lobby der Jäger in Deutschland ist mächtig – auch weil viele Politiker passionierte Jäger sind [...].

Der Mensch müsse heute das bestandsregulierende Raubtier ersetzen, da die natürlichen Feinde des Wildes ausgerottet wurden, rechtfertigt sich die Jäger-Lobby. „Wir leben in einer reinen Kulturlandschaft, die vom Menschen geprägt ist. Die wenigen großen Raubtiere wie Wolf oder Luchs, die es erfreulicherweise noch oder wieder gibt, können den Jäger gar nicht ersetzen", sagt etwa DJV-Sprecher Stephan Bröhl. Die nachhaltige Nutzung der Wildtierbestände sei deswegen notwendig. „Die Idealvorstellung, dass sich Räuber und Beute selbst regulieren, mag in einem Nationalpark funktionieren, aber nicht in der normalen Landschaft." Dem widerspricht das Ergebnis einer Studie des Münchner Zoologen Josef Reichholf. Der Wissenschaftler untersuchte die Bestandsentwicklung der Bisamratte am Inn – einmal auf deutscher Seite, wo diese Tiere gejagt werden, und einmal im österreichischen Flussabschnitt, wo sie von der Jagd verschont bleiben. Die Untersuchung zeigte, dass es im Jagdgebiet deutlich mehr Bisamratten gibt. Die kritischste Zeit für die Bisamratte ist der Winter. „Tiere die gestärkt überleben, pflanzen sich im Frühjahr zeitiger und zahlenmäßig stärker fort", sagt Reichholf. Werden in einem Gebiet viele Tiere getötet, haben die Verbliebenen ein besseres Futterangebot, und statt erst im Mai zwei Junge zu gebären, bekommt ein Bisamrattenweibchen dann schon im März vier bis fünf und wirft dann noch bis zu zweimal im selben Jahr. Dieses Prinzip gelte auch für Rothirsch, Reh und Wildschwein. Durch die Jagd vermehrt sich das Wild stärker als unter natürlichen Umständen. „Die Konkurrenz im Winter ist geringer, die Chancen sind im Frühjahr besser", sagt Reichholf. Durch die Jagd würden Tierarten, die bereits selten sind, noch seltener, und jene, die häufig sind, noch häufiger.

Robert Lücke. In: www.sueddeutsche.de, 17.05.2010

AUFGABEN ZU T7

1 Erarbeiten Sie in einem Brainstorming, welche Meinungen und Einstellungen in Ihrer Lerngruppe zum Thema „Jagd" bestehen. Halten Sie die Ergebnisse Ihrer Lerngruppe auf einem Plakat fest oder fertigen Sie abschließend ein Foto Ihres Tafelbildes an.

2 Stellen Sie aus dem Text Funktionen und Aufgaben der Jagd zusammen, die für Sebastian und seine Familie im Vordergrund stehen. > T7

3 Setzen Sie sich mit folgender These auseinander: „Dem Wildschwein ging es bis zur Abgabe des Schusses durch den Jäger in seinem Leben wesentlich besser, als es jedem Mastschwein in seinem Leben je ergehen kann."

4 Untersuchen Sie in einer Gegenüberstellung der Argumente „Pro und Contra Jagd", wie hier jeweils das Eingreifen des Menschen in das natürliche Gleichgewicht unter den Gesichtspunkten von Ursache und Wirkung verstanden wird. > M1

5 Führen Sie Ihre eigenen Argumente zu „Pro und Contra Jagd" in einem Rollenspiel „Podiumsdiskussion" zusammen. Nutzen Sie dazu Ihre Vorarbeiten aus den Aufgaben 1 bis 3. Die Rollen in der Podiumsdiskussion sollen sein: Eine Jagdpächterin, ein Jagdgegner, eine Wildbiologin und ein Moderator. Achten Sie in Ihrem Rollenspiel genau darauf, in welchen Punkten sich die Diskussionsteilnehmerinnen und -teilnehmer annähern können und in welchen nicht. > T7/M1

6 Gert G. von Harling spricht im Zusammenhang mit der Jagd von „Respekt" und „Ehrfurcht vor der Schöpfung". Verfassen Sie einen Brief an ihn, in dem Sie sich kritisch mit seinen Gedanken und vor allem seinem Satz auseinandersetzen, es gebe ein „Jagen mit Herz". > M2

7 „Wenn man den Rücken des selbst erjagten Rehs gesellig verspeist, kommt zusammen, was zusammen gehört, in der modernen Zivilisation aber getrennt ist: der Tod und das Leben." Setzen Sie sich mit dieser Aussage auseinander und prüfen Sie, ob Konsumenten aus ethischen Gründen einen Unterschied zwischen erjagten und geschlachteten Fleischprodukten machen sollten. > M3

8 Stellen Sie thesenartig zusammen, welche Ziele das Bundesjagdgesetz mit seinen Regelungen verfolgt. Sehen Sie Widersprüche? > M4

9 Arbeiten Sie heraus, welche Probleme Jagd- und Forstwirtschaft mit dem Rotwild haben und wie die hier beschriebenen Lösungsansätze aussehen. Korrigieren Sie dann das Bundesjagdgesetz entsprechend, um eine Bestandserweiterung des Rotwildes auch gesetzlich zu verankern. > M4/M5

10 Verfassen Sie zum Schluss Ihr persönliches Statement zum Thema „Jagd". Lassen Sie sich dabei von den Sachargumenten und Meinungen anregen. > M6

11 Betrachten Sie gemeinsam nochmals die Ergebnisse Ihres Brainstormings (Aufgabe 1): Welche Meinungen und Einstellungen in Ihrer Lerngruppe zum Thema Jagd" haben Bestand, was hat sich vielleicht geändert?

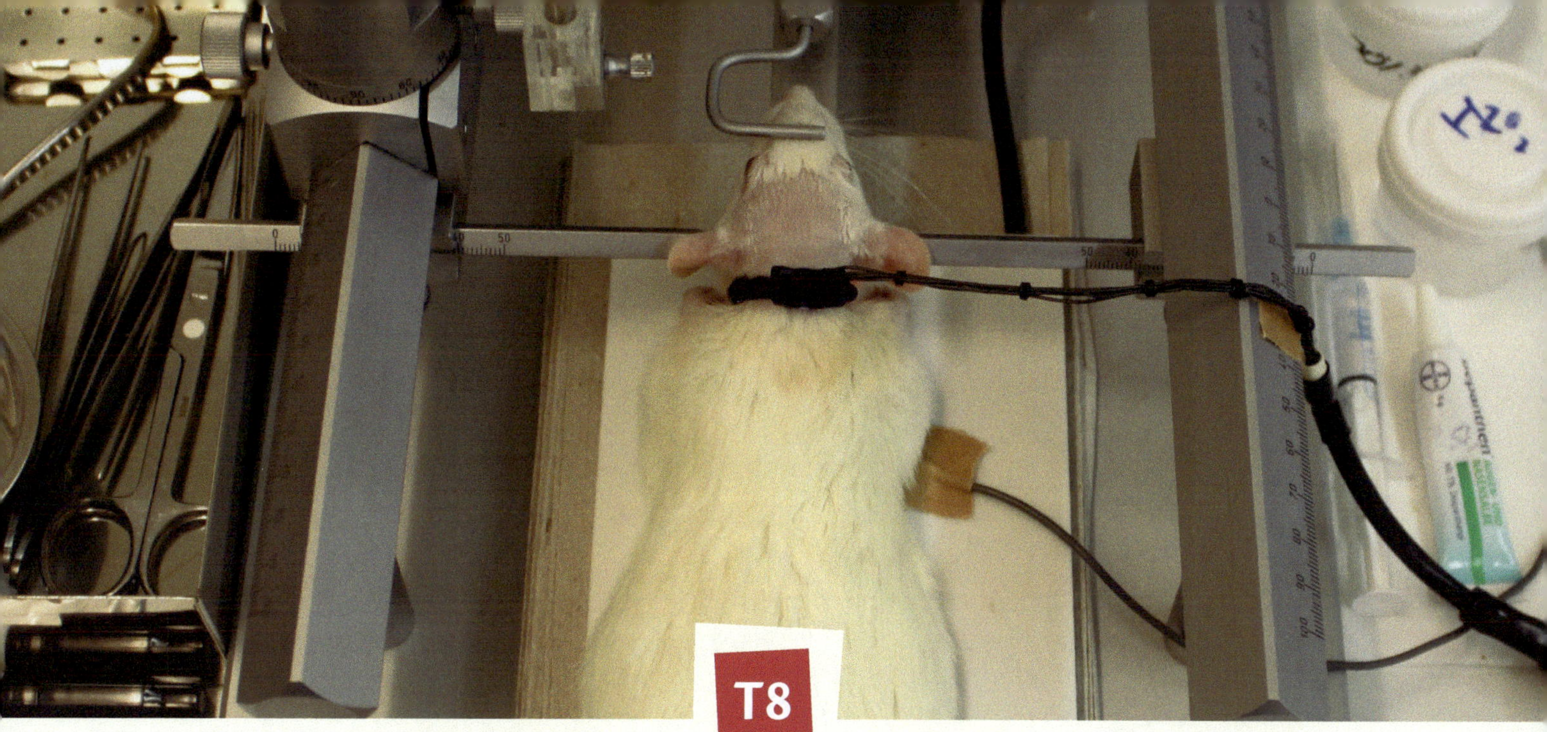

T8

Im Versuchstierlabor: Forschen mit Leiden(-schaft)?

Katja betritt den Versuchstierraum des ▸ pharmakologischen Instituts mit einem mulmigen Gefühl. Da ihre Versuchsreihe seit einer Woche abgeschlossen ist, muss sie heute ihre zwölf Ratten für die nächste Stufe der Studie töten. Es handelt sich um sechs männliche und sechs weibliche Ratten ungefähr im Alter von vier Monaten. Vor zwei Monaten wurden sie von einer Firma, die Tiere für Versuchszwecke züchtet, an das Institut geliefert. Katja schreibt ihre Doktorarbeit über Parkinson, eine fortschreitende Erkrankung des zentralen Nervensystems, die vor allem bei älteren Menschen auftritt. Parkinson führt in der Regel zu Muskelstarre, Muskelzittern und verlangsamten Bewegungen und ist bisher unheilbar. Als Doktorandin forscht Katja an einem neuen Medikament, das die Symptome deutlich verbessern soll. In einem ersten Schritt wurde für die Studie bei den Ratten das Krankheitsbild von Parkinson hervorgerufen. Dafür wurde den Ratten in Narkose ein Nervengift in die linke Gehirnhälfte eingespritzt. Bereits nach einigen Tagen zeigten die Ratten typische Parkinson-Symptome wie z. B. eine Bewegungsarmut in der rechten Vorderpfote und eine allgemeine Inaktivität der Muskulatur. Nach vier Wochen begann die zweite Phase, in der Katja den nun kranken Tieren verschiedene Dosierungen des neuen Medikaments verabreichte und die Wirkung anschließend genau beobachtete und notierte. Die erzielten Ergebnisse sind bisher sehr gut, da sich die Symptome bei den Ratten zeitweise deutlich verbesserten. Nun ist aber abschließend in der ▸ Histopathologie noch der Nachweis zu erbringen, dass sich die Ratten tatsächlich in einem Parkinson-ähnlichen Krankheitszustand befunden haben. Um die Gehirngewebeschnitte anfärben und unter dem Mikroskop betrachten zu können, muss Katja die Tiere töten.

Diese Vorstellung hat ihr in den letzten Tagen immer mehr zu schaffen gemacht – schließlich hat sie zwei Monate lang jeden Tag ihre Ratten besucht und sie umfassend versorgt. Sie musste auch immer wieder daran denken, dass sie mit 15 einmal eine Ratte als Haustier hatte. Die hieß Britney und saß am liebsten auf ihrer Schulter. Britney hätte sie niemals für diesen Versuch hergegeben...

Als Medizinerin weiß Katja aber auch, dass mit einem neuen Medikament vielen Menschen geholfen werden könnte. Sie denkt dabei nicht zuletzt an ihren Onkel, der seit einem Jahr an Parkinson leidet und so sehr auf eine neue Behandlungsmöglichkeit hofft. Ihre Studie könnte hier einen wichtigen Beitrag leisten. Also gibt sie jeder Ratte zum Abschied noch einen ungeschälten Sonnenblumenkern und eine Streicheleinheit, bevor sie die Spritze in die Hand nimmt und die nächste Phase des Versuches einleitet.

pharmakologisches Institut

Histopathologie

M1 Die richtige Schachtel

Gunter Hansen

M2 Wie abwägen?

Ich gebe zu: Als ich vor einigen Jahren mit der Arbeit an diesem Buch begann, war ich noch unsicher, wie ich die Frage der Tierversuche sehen sollte. […] Ich hatte angenommen, dass sich die Rechtfertigung von Tierversuchen und insbesondere die Unterscheidung, welche in Ordnung seien, knifflig gestalten könnte. Andererseits müsste es wohl gute Gründe für Forschung an Tieren geben: Schließlich haben wir Ethikkommissionen, und die Experimentatoren selbst sind ja auch keine Sadisten. Wenn ich mich nur genügend in die Materie vertiefte, würde ich diese guten Gründe finden, die Tierversuche zwar als etwas Tragisches, aber dennoch moralisch Zulässiges, sogar Notwendiges erscheinen ließen. Es kam anders. […]

[Denn wie] sieht solch ein moralischer Rechtfertigungsprozess [für Tierversuche] überhaupt aus? Wir sprechen davon, dass hier Interessen und Rechte der einen Seite gegen die der anderen abgewogen werden müssen. In der einen Waagschale liegen jetzt also enorme Belastungen für Millionen oder Milliarden von Tieren; was kommt in die andere Schale? Und vor allem: Wie ist diese „Waage" beschaffen? […] Um ein berühmtes philosophisches Beispiel heranzuziehen […]: Nehmen wir an, in einem Krankenhaus liegen fünf schwerkranke Menschen, die dringend ein neues Organ benötigen. Glücklicherweise liegt in einem anderen Zimmer ein Patient, bei dem diese fünf Organe gesund sind. Wenn wir ihn töten und zerlegen, können wir auf Kosten seines einen Lebens fünf andere Leben retten. Dürfen wir?

Obwohl in der einen Waagschale nun fünf Leben liegen und in der anderen nur eines, würden die meisten Menschen eine solche Rettungsaktion vehement ablehnen. Warum? Weil jedes Individuum ein Recht auf sein eigenes Leben hat, das der Allgemeinheit nicht beliebig zur Verfügung steht. Dieses Leben ist untrennbar an genau dieses Individuum geknüpft; Menschen und Tiere sind nicht nur Behälter einer bestimmten Summe von Leben (oder Organen), die man genauso gut beliebig auf andere Behälter verteilen kann. […]

Zumindest sehen wir das so, wenn es um Menschen geht. Gerade beim Thema des Tierversuchs neigen allerdings viele Menschen, die ansonsten nicht gerade dem Zerlegen von Individuen zum Wohle einer größeren Anzahl anderer zustimmen würden, unbemerkt zum Utilitarismus oder jedenfalls zum rein summarischen Aufrechnen von positiven und negativen Effekten. Würde man einen Menschen ausschlachten, um fünf zu retten? Niemals! Würde man fünf Tiere ▸ ausweiden für einen Menschen? In diesem Fall scheint alles plötzlich ganz anders auszusehen ... Routinemäßig opfern wir buchstäblich unzählige Tiere für einen Menschen, ja sogar für einen nur potentiellen Nutzen.

ausweiden

Dabei handelt es sich allerdings nicht mehr um milden, sondern um recht drastischen ▸ Speziesismus. Wir machen hier nicht einen geringfügi-

Speziesismus

gen Unterschied [zwischen Menschen und Tieren], sondern verwenden völlig unterschiedliche Methoden, messen von vornherein mit zweierlei Maß – wenn wir nicht achtgeben. Wir sind nun einmal in einer Gesellschaft aufgewachsen, die enorme moralische Unterschiede zwischen Menschen und Tieren macht; wir haben dieses Messen mit zweierlei Maß verinnerlicht. Aber ist es in Ordnung? Ich denke nicht. Unsere grundsätzliche moralische Sorge muss einzelnen Individuen gelten, den Zentren bewusster Empfindungen, den Subjekten ihres eigenen Lebens; da darf man nicht einfach eines opfern, ohne über dessen Rechte nachzudenken, nur weil sich seine Organe in der Waagschale der anderen so gut machen würden. [...]

Die Inhalte beider Waagschalen unterscheiden sich also eklatant. Gewiss dürfen wir von jeder Gesellschaft, jedem Staat ab einem gewissen Kenntnisstand und Wohlstand den Schutz vor Krankheiten und die Heilung erwarten. Wo vorhanden, muss dieser Schutz allen Mitgliedern der Gesellschaft gewährt werden. Aber dies ist ein Recht, das in seinem Umfang stark von den praktischen Möglichkeiten und Nebenkosten abhängt; wie Ursula Wolf richtig sagt, gibt es kein absolutes Recht auf Gesundheit. Hingegen ist das Recht, nicht unschuldig gequält zu werden und nicht anderen Mitgliedern der Gesellschaft geopfert zu werden, ungleich fundamentaler und nahezu absolut.

Dieses Recht darf im Grunde nur in Notwehr verletzt werden, und die Suche nach neuen Therapieformen ist keine Notwehr. Denken wir noch einmal an das Beispiel der schwerkranken Patienten im Krankenhaus. Eine Art Notwehr wäre es, dringend benötigte Blutkonserven zu stehlen, die in einem benachbarten Krankenzimmer lägen und die irgendein Gesundheitskommissar aus Geiz nicht herausrücken will. Doch einen vollkommen Unbeteiligten auf der Straße zu kidnappen, ins Krankenhaus zu verschleppen und dort ausbluten zu lassen, ist keine Notwehr, sondern eine drastische Überschreitung seiner Rechte.

Hilal Sezgin, S. 67-78

M3 Leistungen der Tierversuchsforschung

Aus einer Stellungnahme des ehemaligen Präsidenten der Max-Planck-Gesellschaft Peter Gruss (Amtsinhaber 2002-2014):

Es würde eine ganze Bücherreihe erfordern, um die Leistungen der tierexperimentellen Forschung für die Medizin aufzuzählen, aber zumindest einige Beispiele möchte ich nennen. Der ein oder andere mag sich noch an den Slogan erinnern „Schluckimpfung ist süß – Kinderlähmung ist grausam". Erst mit der Möglichkeit der Impfung gegen Polio hat diese Krankheit für uns ihren Schrecken verloren. Ende des 19. Jahrhunderts waren noch jährlich tausende Menschen betroffen, darunter vor allem Kinder, die daran verstarben oder dauerhaft mit körperlichen Folgeschäden leben mussten. Neben einer Vielzahl von Impfstoffen wäre auch der Einsatz von Antibiotika gegen mikrobielle Krankheitserreger ohne tierexperimentelle Forschung nicht vorstellbar. Und auf die Errungenschaften der Medizintechnik von der Bluttransfusion über die Organtransplantation bis hin zur Operation am offenen Herzen, koronare Bypass-Operationen oder das Einsetzen künstlicher Herzklappen müssten wir heute ebenfalls verzichten.

Die aktuelle Forschung an Tieren gibt zahlreichen Menschen Hoffnung, die an Krankheiten wie Krebs, Diabetes, verschiedenen Infektionskrankheiten, AIDS, Mukoviszidose, Parkinson [...] oder Alzheimer leiden. Sie ist wichtig und dient dem Wohl der Menschen. Wo immer möglich, werden Tierversuche durch Alternativmethoden ersetzt. Und so hat die Entwicklung von Ersatz- und Ergänzungsmethoden in der Forschung einen hohen Stellenwert. Alle deutschen Wissenschaftsorganisationen, einschließlich der Max-Planck-Gesellschaft, unterstützen aktiv das Ziel, Tierversuche soweit wie möglich zu reduzieren. Trotzdem müssen wir auch akzeptieren, dass Fragen zu komplexen systemischen Eigenschaften eines Organismus nicht an isolierten Geweben oder mit Hilfe von Computersimulationen untersucht werden können. Ohne Tierversuche kann daher das Potenzial der biomedizinischen Forschung, schwere Krankheiten behandelbar und damit erträglicher – unter Umständen eines Tages sogar heilbar zu machen –, nicht realisiert werden.

Peter Gruss

M4 Konzept der 3 R

Zur Umsetzung der Forderung nach Alternativmethoden wurden verschiedene Programme entwickelt. In der Praxis hat sich vor allem das sog[enannte] „Konzept der 3 R" (Replacement, Reduction, Refinement) etabliert. Darunter werden grundsätzlich alle Maßnahmen verstanden, die geeignet sind, Versuchstierleiden zu vermeiden oder wenigstens zu vermindern bzw. die Tiere durch verbesserte Tierhaltung und -behandlung etc. zu entlasten. [...] Die internationale Entwicklung in Richtung einer eigentlichen 3 R-Praxis hat [...] gegen Ende der siebziger Jahre eingesetzt. Vermieden werden sollen Tierversuche (Replacement), indem sie soweit wie möglich durch Experimente an empfindungsloser Materie ersetzt werden. [...] [I]n der Entwicklung alternativer Verfahren [wurden] in den letzten Jahren große Fortschritte erzielt, so dass diesbezüglich eine Vielzahl praxistauglicher Methoden zur Verfügung steht. Zu denken ist in diesem Zusammenhang beispielsweise an Studien mit Mikroorganismen, Zell-, Gewebe- und Organkulturen, „niedrigeren" Lebewesen (Pilzen, Bakterien etc.) oder Computersimulationen. Um Tierversuche im Rahmen der Aus- und Weiterbildung zu ersetzen, besteht außerdem die Möglichkeit des Einsatzes verschiedenster Modelle und Lehrfilme. Möglichkeiten zur Verminderung (Reduction) der Anzahl benötigter Tiere und deren Leiden ergeben sich etwa durch verbesserte Untersuchungstechniken, die Optimierung der Versuchsplanung, eine exaktere Risikoabschätzung oder auch durch transparente und aussagekräftige Tierversuchsstatistiken. Verfeinerungen der Tierexperimente (Refinement) erreicht man schließlich durch sämtliche Maßnahmen, die für die Labortiere eine Verringerung der Stresssituation und anderer Belastungen bedeuten. Hierbei ist das gesamte Versuchsumfeld zu überblicken; von entscheidender Bedeutung sind aber insbesondere die Labortierhaltung und das sog[enannte] Handling, d. h. die Art und Weise, wie die Tiere behandelt und auf die Eingriffe vorbereitet werden. Zu denken ist in diesem Zusammenhang etwa an die sorgfältige Vorbereitung auf die Experimente, verbesserte Narkoseverfahren, medikamentöse Analgesie (Schmerzbekämpfung) sowie eine allgemein gute Pflege und Behandlung. Die Schmerzen und Leiden von Labortieren auf ein Mindestmaß zu reduzieren, gebieten im Übrigen aber nicht nur ethische, sondern auch wissenschaftliche Prinzipien. Erhöhte Belastungen vor und während den Versuchen beeinflussen die Resultate und können gar zu falschen Ergebnissen führen.

Stiftung für das Tier im Recht (TIR)

M5 Tierversuchsalternativen

Einige wenige Beispiele sollen [...] die Vielfalt der Möglichkeiten, Forschung an schmerzfreier Materie zu betreiben, demonstrieren. Ein Kritikpunkt ist allerdings, dass oftmals Zellen und Gewebe von Tieren eingesetzt werden, obwohl Kulturen aus menschlichen Geweben vom ethischen und wissenschaftlichen Standpunkt her sinnvoll wären. Menschliche Zellen und Gewebe können von Gewebeproben, Verstorbenen, Nachgeburten, Nabelschnüren oder chirurgischen Eingriffen stammen.

Zellkulturen und andere Systeme mit Zellen

Prinzipiell können Zellen von Menschen und Tieren verwendet werden. Man unterscheidet primäre und permanente Zellkulturen. **Primäre Zellen** werden direkt aus dem Organismus gewonnen. Für die Gewinnung von Tierzellen werden die Tiere meist getötet. Um Kulturen menschlicher Zellen, z. B. von Leber, Haut, Knorpel oder Knochenmark, anzulegen, kann „Abfallmaterial", das bei Operationen anfällt, verwendet werden. Die primären Zellen sterben nach einer gewissen Zeit ab, ihre Kultivierung ist also nur zeitlich begrenzt möglich.

Permanente Zellkulturen können sich dagegen unaufhörlich teilen und krebsartig wachsen. Sie sind praktisch unbegrenzt lebensfähig, d. h. bei ihrer Verwendung müssen keine weiteren Tiere getötet werden. Mittlerweile gibt es zahllose Zelllinien für die verschiedensten Fragestellungen.

Mit so genannten **Co-Kulturen** verschiedener Zellarten lassen sich selbst komplexe Strukturen des menschlichen Körpers im Reagenzglas „nachbauen". [...]

Im Bereich der Zellkulturen wurden besonders viele In-vitro-Methoden entwickelt.
Einige Beispiele:

- Der EPISKIN®-Test mit **künstlicher, menschlicher Haut** dient der Bestimmung der Ätzwirkung von Chemikalien auf der Haut, die sonst an Kaninchen oder Meerschweinchen vorgenommen wird.
- Beim **Phototoxizitätstest** werden Cremes, Lotionen und andere Körperpflegemittel auf die geschorene Rückenhaut von Kaninchen, Meerschweinchen oder Ratten aufgetragen. Dann werden die Tiere mit UV-Licht bestrahlt. Sehr viel bessere Ergebnisse liefert der Neutralrot-Test, bei dem Zellen einer permanenten Linie den Farbstoff Neutralrot aufnehmen. Werden die Zellen durch Zugabe von reizenden Stoffen geschädigt, kann der Farbstoff nicht in die Zelle eindringen.
- Anstatt zur Prüfung auf **Tumorbildung** Ratten und Mäusen die Substanzen über Jahre hinweg zu verabreichen, können beim Transformationstest permanente Zelllinien verwendet werden. Die normalerweise geordnet wachsenden Zellen überwuchern sich bei Zugabe von Krebs bildenden Substanzen kreuz und quer.
- **Monoklonale Antikörper** sind Abwehrstoffen, die in vielen Bereichen der Forschung und Diagnostik eingesetzt werden. Anstelle ihrer besonders grausamen Produktion im Bauch von Mäusen, können Bioreaktoren (Glasmaus und Tecnomouse) verwendet werden, bei denen Antikörper produzierende Zellen zusammen mit einer Nährflüssigkeit in Flaschen oder sogar große Tanks gefüllt werden. [...]
- Mit **Nervenzellkulturen** kann die Ausschüttung von Überträgerstoffen der Nervenzelle untersucht werden sowie deren pharmakologische Beeinflussung. So kann nach Arzneimitteln im Bereich der Parkinson'schen Krankheit, der Epilepsien und der Schmerzforschung gesucht werden.
- An Kulturen von **Krebszellen** können Ausbreitung und Wachstum von Tumoren studiert und neue Krebs hemmende Medikamente getestet werden.

Corina Gericke. In: www.aerzte-gegen-tierversuche.de

M6 Töten von Versuchstieren

Nach der grundlegenden Neufassung des Tierschutzgesetzes 1986 formulierte die Arbeitsgemeinschaft der Tierschutzbeauftragten in Baden-Württemberg die folgenden Hinweise zur tierschutzgerechten Tötung von Versuchstieren. Aktuelle Empfehlungen gibt es heute z. B. von der Tierärztlichen Vereinigung für Tierschutz (TVT), gesetzlich geregelt ist die Tötung von Versuchstieren in der Tierschutz-Versuchstierverordnung (§ 2).

Die Tötung von Versuchstieren erfordert im Sinne des Tierschutzes größtmögliche Sorgfalt und höchstes Verantwortungsbewusstsein seitens der Durchführenden. Wichtigste Voraussetzung ist, dass diese über die notwendigen Kenntnisse und Fähigkeiten verfügen (§4 TschG), die man nur durch persönliche Praxis an der Seite von erfahrenen Fachleuten erwerben kann. Den Durchführenden muss der Grund für die Tötung des Tieres bekannt sein. Nicht zuletzt, um bei der Entscheidung für eine bestimmte Tötungsart berücksichtigen zu können, dass diese auch bei fachgerechter Ausführung spezifische Veränderungen, z. B. von Hormonkonzentrationen und ▸ makroskopischer wie auch ▸ histologischer Organbefunde zur Folge haben und damit Versuchsergebnisse beeinflussen kann.

makroskopisch
histologisch

Die Tötung selbst muss so erfolgen, dass das Tier dabei möglichst keine Angst und Schmerzen empfindet. Dies setzt voraus, dass das Tötungsverfahren einen schnellen Eintritt der Bewusstlosigkeit und des Todes gewährleistet. Töten soll einzeln oder in kleinen Gruppen und möglichst nicht im Tierraum erfolgen, da andere Tiere durch Lautäußerungen, Blutgerüche oder durch spezifisch wirkende Duftstoffe stark beunruhigt werden können.

Vor der weiteren Verwendung eines Tieres, z. B. für eine Organpräparation, muss in jedem Fall der sichere Eintritt des Todes abgewartet werden. Als Beurteilungskriterien gelten dabei:

- es sind keine Atembewegungen mehr zu erkennen
- der Herzschlag ist nicht mehr fühlbar
- die Muskelspannung ist verschwunden

Arbeitsgemeinschaft der Tierbeauftragten in Baden-Württemberg (ATBW)

M7 Tier ist nicht gleich Tier?

Die Notwendigkeit einer Differenzierung der ethischen Erfordernisse des menschlichen Umgangs mit Tieren nach Tierarten ist sowohl in der Tierethik wie auch im Allgemeinbewusstsein weitgehend anerkannt. [...] Wie kann man [aber] zwischen unterschiedlichen Tierarten differenzieren? In der Geschichte der Tierethik ist das „klassische" Abstufungskriterium zwischen den Tierarten die Leidensfähigkeit. Hinzugetreten ist in neuerer Zeit das Kriterium der Fähigkeit zu Selbstbewusstsein [...].

Das Kriterium der Leidensfähigkeit setzt den Versuchen, die mit leidensfähigen Tieren gemacht werden dürfen, Grenzen, beinhaltet aber – zumindest in seiner vorherrschenden Interpretation – keine kategorische Ablehnung von Tierversuchen. Vielmehr erlaubt es grundsätzlich eine Abwägung zwischen den Tieren im Versuch zugefügten Belastungen und den sich daraus möglicherweise ergebenden Minderungen der Belastung von Menschen (und Tieren) durch Krankheiten, Behinderungen, psychische Störungen und Unfallfolgen.

Neurowissenschaften

▸ Neurowissenschaftliche Tierversuche stehen dabei aus mehreren Gründen im Mittelpunkt der Debatte. Einerseits gibt es einen offensichtlichen Bedarf: Die Geheimnisse des Zentralnervensystems haben sich bisher noch sehr viel weniger erschlossen als die Funktionsweisen anderer Organe; viele verbreitete, aber nicht ausreichend behandelbare schwere Erkrankungen sind neurologischen Ursprungs (Parkinson, Alzheimer, Epilepsie, multiple Sklerose); die ▸ neurowissenschaftliche Forschung ist in den letzten Jahren zu einer Erfolgsgeschichte geworden, die Erwartungen auf weitere wissenschaftliche und therapeutische Durchbrüche begründet. Andererseits gibt es nachvollziehbare Bedenken: Tiermodelle sind immer nur so aufschlussreich, wie die Ergebnisse auf den Menschen übertragbar sind, was dazu treibt, möglichst nah verwandte Tierarten heranzuziehen; schwere Erkrankungen erfordern möglicherweise, dass gesunde Tiere allererst krank gemacht werden [...] müssen, um Ursachen, Symptome und Gegenmittel an ihnen studieren zu können. [...]

Das Kriterium der Selbstbewusstseinsfähigkeit ist weniger als das der Leidensfähigkeit im Allgemeinbewusstsein verankert, scheint aber unmittelbar plausibel, sowohl in Bezug auf die Belastungen, die ein selbstbewusstseinsfähiges Tier durch den Versuch selbst als auch durch die damit vielfach verbundenen weiteren Umstände erfährt: Unfreiheit, Tötung und Entzug sozialer Kontakte. Ein Tier, das nicht nur über inneres Erleben verfügt, sondern auch über die Fähigkeit, sich selbst als Subjekt dieses inneren Erlebens zu denken, dessen Innenleben kommt dem Menschen so nahe, dass ihm nicht nur ein Bewusstsein seiner Existenz in der Zeit und ein dem menschlichen ähnlicher Zeit- und Planungshorizont unterstellt werden kann, sondern auch ein Bewusstsein davon, was es heißt, in Gefangenschaft zu leben, den Tod zu erleiden und ohne die vertrauten Sozialpartner zu sein. Die Gallup-Experimente, mit denen geprüft wird, wie weit sich Tiere im Spiegel als sie selbst erkennen, legen die Annahme nahe, dass insbesondere Menschenaffen und Meeressäuger (aber auch Hausschweine!) einen Begriff von sich selbst als Individuen haben und damit über eine Fähigkeit verfügen, die Menschenkinder erst ein bis zwei Jahre nach der Geburt erwerben. [...] Nicht nur die Vertreter des ▸ Great Ape Project, sondern zunehmend auch Teile der Öffentlichkeit fordern angesichts dieser Befunde, diesen Tieren sowohl ein Recht auf Leben als auch ein Recht auf Nichtschädigung [...] zuzuschreiben [...].

Great Ape Projec

Unter Zugrundelegung des Kriteriums der Selbstbewusstseinsfähigkeit führt wenig an der Folgerung vorbei, dass für Menschenaffen dieselben kategorischen Verbote von belastenden Versuchen, Tötung und Freiheitsentzug gelten sollten wie für menschliche Kleinkinder.

Dieter Birnbacher. In: Dossier Bioethik, 19.12.2013

AUFGABEN ZU T8

1 In der Ethik spricht man von einem Dilemma, wenn in einer konkreten Entscheidungssituation keine der Wahlmöglichkeiten zu moralisch vertretbarem Handeln führen kann. Analysieren Sie zunächst die Situation der unmittelbar (Katja, die Ratten) und mittelbar (der Onkel, Parkinson-Patienten insgesamt) Betroffenen. Beurteilen Sie dann, ob hier für Katja ein ethisches Dilemma vorliegt. > T8

2 In der Einführung haben Sie vier grundlegende Positionen kennen gelernt, wie der Mensch sich und sein Verhältnis zur Natur verstehen kann. Prüfen Sie für jede Form (Anthropo-, Patho-, Bio- und Ökozentrismus), ob es nach ihr Tierversuche geben darf. > Einführung, S. 8f.

3 Interpretieren Sie die Karikatur und diskutieren Sie, warum wir offensichtlich zwei Tieren der gleichen Spezies ein unterschiedliches Schicksal wünschen bzw. zumuten. Beziehen Sie dabei auch Katja und ihre Beziehung zu Britney bzw. zu ihren Versuchsratten mit ein. > M1

4 Abwägen, darum geht es in der Ethik zumeist, doch kann überhaupt im Fall der Tierversuche ein Abwägen ethisch vertretbar sein? Nehmen Sie hierzu Stellung, indem Sie die Argumentationen von Hilal Sezgin und Peter Gruss einander gegenüberstellen. > M2/M3

5 Stellt aus Ihrer Sicht das Konzept der „3 R" einen vertretbaren Kompromiss dar? Begründen Sie Ihre Antwort. > M4

6 Zellkulturen – sie scheinen in vielen Fällen eine Lösung zu sein, wenn es um den Verzicht auf Tierversuche geht. Verfassen Sie einen Leserbrief auf Hilal Sezgins Plädoyer gegen Tierversuche, indem Sie einen Kompromissvorschlag zu einer optimalen Reduzierung von Tierversuchen machen. > M2/M4/M5

7 Arbeiten Sie aus dem Text die Stärken und Schwächen seiner Formulierungen im Sinne eines optimalen Schutzes von Versuchstieren heraus. Machen Sie auch Vorschläge zur sprachlichen Korrektur von Formulierungen, sollten Sie Ihnen notwendig erscheinen. Begründen Sie Ihre Änderungen. > M6

8 Arbeiten Sie Dieter Birnbachers Positionen zu Tierversuchen mit Menschenaffen thesenartig heraus. Bewerten Sie dann, basierend auf diesen Thesen, den Einsatz von Ratten, Kaninchen oder Meerschweinchen in Tierversuchen. > M7

9 Sie haben sich intensiv mit der ethischen Vertretbarkeit von Tierversuchen befasst. Setzen Sie sich abschließend mit den drei folgenden klassischen Imperativen der Ethik auseinander:

- Utilitaristisches Prinzip: „Handle so, dass die Folgen deiner Handlung bzw. Handlungsregel für das Wohlergehen aller Betroffenen optimal sind."
- Prinzip der Verantwortung nach Hans Jonas: „Handle so, dass die Wirkung deiner Handlung verträglich sind mit der Permanenz echten menschlichen Lebens auf Erden."
- Kategorischer Imperativ nach Immanuel Kant: „Handle nur nach derjenigen Maxime, durch die du zugleich wollen kannst, dass sie ein allgemeines Gesetz werde."

Untersuchen Sie, welche Haltung zu Tierversuchen mit diesen Imperativen bezogen werden muss.

Begriffsglossar

Abortinduktion: Einleitung einer Fehlgeburt.

Adrenalin: Hormon, das im Nebennierenmark produziert wird. Es steigert den Stoffwechsel und die Herzleistung (z. B. in Gefahren- und Stresssituationen).

ausweiden: Bezeichnung in der Jägersprache für das Herausnehmen des Eingeweides beim Wild (außer beim Schalenwild).

Ethologie: Verhaltensforschung; Teilgebiet der Biologie, das das artspezifische Verhalten der Tiere erforscht (Tierethologie; geht es um die biologischen Grundlagen des menschlichen Verhaltens, spricht man von Humanethologie). Einer der bekanntesten Verhaltensforscher war der Nobelpreisträger Konrad Lorenz (1903-1989), der mit seinen Studien zum Verhalten von Graugänsen nachwies, dass deren Verhalten mehr auf inneren Instinkten als auf äußeren Auslösern beruht.

Euthanasie: in der Tiermedizin das Töten von Tieren mit überdosierten Narkosemitteln (griechisch: *eu* = schön, *thánatos* =Tod).

Chemotherapie: Behandlung mit Chemotherapeutika, d. h. Substanzen, die Tumorzellen oder lebende Krankheitserreger im Organismus schädigen oder abtöten. Behandelt werden damit v.a. Krebserkrankungen.

Farm Animal Welfare Council (FAWC): 1979-2011 bestehendes, von der britischen Regierung gegründetes unabhängiges Beratungsgremium zum Thema Schutz landwirtschaftlicher Nutztiere; wurde anschließend vom Farm Animal Welfare Committee ersetzt.

Flüssigkeitstherapie: Verabreichung von Flüssigkeit mittels eines Tropfes.

Great Ape Project: internationale Initiative mit der Forderung, die „Gemeinschaft der Gleichen" so zu erweitern, „dass sie alle Großen Menschenaffen miteinschließt: Menschen, Schimpansen, Gorillas und Orang-Utans". D. h. bestimmte Grundrechte wie das Recht auf Leben und den Schutz der individuellen Freiheit sollen auch für andere Mitglieder der Menschenaffen (engl. *Great Apes*) gelten.

Harnkatheter: Kunststoffschlauch, der zur Harnableitung in die Harnblase eingebracht wird.

histologisch: die Histologie (Wissenschaft von den Geweben des Körpers) betreffend.

Histopathologie: Fachgebiet der Medizin (und auch Untersuchungsmethode), in dem gefärbte Gewebeschnitte unter dem Mikroskop auf krankhafte Veränderungen hin untersucht werden.

Hundeführerschein: Befähigungsnachweis für Tierhalter und Tierhalterinnen, die nach erfolgreich bestandener Gehorsamsprüfung des Hundes erteilt wird.

Hybrid: ein Lebewesen, das durch Kreuzung von Eltern verschiedener Zuchtlinien, Rassen oder Arten hervorgegangen ist

Implantat: Bezeichnung für Materialien, die operativ im Körperinnern eingesetzt werden (entweder dauerhaft oder auch nur für einen begrenzten Zeitraum).

Kampfhunde: Hunde, die zu Kampfzwecken gezüchtet bzw. eingesetzt werden. Obwohl Hundekämpfe meist verboten sind, sind sie in manchen Ländern (z. B. USA) noch verbreitet. In Deutschland wurden 2000 landesrechtlich u. a. aggressive Zuchtlinien verboten. Der Begriff, der ursprünglich mehr für das „Einsatzgebiet" denn für spezielle Hunderassen stand, wird dabei inzwischen oftmals für eine spezielle Kategorie „gefährlicher Hunde" verwendet (z. B. können folgende Hunderassen damit gemeint sein: Staffordshire Bullterrier, American Staffordshire Terrier, American Pitbull Terrier und Bullterrier).

künstliche Besamung: gewonnenes Sperma wird über einen Katheter in die weiblichen Geschlechtsorgane eines Tieres eingebracht; Ziel ist die Befruchtung und Trächtigkeit des Tieres.

Neurowissenschaften: zusammenfassende Bezeichnung für Forschungsbereiche aus Medizin, Psychologie und Biologie, die Aufbau und Funktion des Nervensystems untersuchen. Dabei finden auch Kooperationen mit weiteren Wissenschaftsbereichen statt (z. B. Informationstechnik).

makroskopisch: ohne optische Hilfsmittel, bereits nur mit den Augen erkennbar.

Rotte: Eine Anzahl von Schwarzwild, d. h. Wildschweinen.

paramedizinische Behandlungsmethoden: Synonym für alternative Heilverfahren, die im Gegensatz zur Schulmedizin nicht auf wissenschaftlichen Grundsätzen basieren; meist abwertend gemeint.

pharmakologisches Institut: Einrichtung zur Untersuchung der Wirkung von Arzneimitteln oder Schadstoffen auf Lebewesen.

Prägung: Begriff aus der Verhaltensforschung; in einem genetisch festgelegten Zeitabschnitt werden Umweltreize dauerhaft ins Verhaltensrepertoire aufgenommen.

Prognose: Vorhersage einer zukünftigen Entwicklung (in diesem Fall eines Krankheitsverlaufs).

Schalenwild: Bezeichnung für alle dem Jagdrecht unterliegenden Paarhufer, d. h. Hornträger (z. B. Gamswild), Geweihträger (z. B. Damwild, Rotwild) und Schwarzwild (Wildschweine). Die Bezeichnung kommt aus der Jägersprache: dort werden die Klauen dieser Paarhufer „Schalen" genannt.

Shergar: (*1978): irisches Rennpferd, das 1981 durch einen spektakulären Derby-Sieg berühmt geworden ist. Zwei Jahre später wurde der Hengst entführt – bis heute ist sein weiteres Schicksal ungeklärt.

Speziesismus: Begriff für die Ungleichbehandlung der Tiere gegenüber den Menschen allein aufgrund ihrer verschiedenen Art (Spezies); er wird u. a. vom Philosophen Peter Singer verwendet.

Stück: In der Jägersprache die allgemeine Bezeichnung für Wild, wenn dessen Geschlecht nicht angegeben werden kann oder wird.

symptomatische Therapie: Behandlung zur Linderung von Symptomen wie z. B. Schmerz; die eigentliche Krankheitsursache wird nicht behoben.

Transponder: Mikrochip unter der Haut zur Identifizierung eines Tieres.

Trächtigkeitsultraschall: Untersuchungsverfahren zur Ermittlung einer Schwangerschaft beim Tier.

vergrämen: Begriff aus der Jägersprache: Wild wird wiederholt gestört – und meidet im Ergebnis die gewohnten Orte.

verfegen: der Begriff „(ver)fegen" bezeichnet das Abstreifen der Geweihhaut des Rehbocks, indem er sein Geweih an Büschen, Sträuchern und jungen Bäumen reibt.

Literaturverzeichnis

Tierethik – eine Einführung: Originalbeitrag von Frank Keller.
Der Mensch und seine Umwelt: vier Positionen: Originalbeitrag von Frank Keller.
Fallgeschichten T1-T8: Originalbeiträge von Julia Palm.

Materialien zu T1:
M1: www.gesetze-im-internet.de/bgb/; M2: www.gesetze-im-internet.de/tierschg/; M3: Ingrid Kuhlmann-Eberhart/Thomas Blaha: Codex Veterinarius der Tierärztlichen Vereinigung für Tierschutz e. V. (TVT). Ethische Leitsätze für tierärztliches Handeln zum Wohl und Schutz der Tiere. 2. überarbeitete Fassung Juli 2009 (online: http://www.tierschutz-tvt.de/uploads/media/CODEX_VERINARIUS.pdf; abgerufen am 15.01.2015); M4: Originalinterview Julia Palm/Nina Merten; M5a: Zeige dein Können als Tierarzt. In: Hessische/Niedersächsische Allgemeine (HNA), 01.11.2014 (online: http://www.hna.de/nachrichten/kindernetz/zeige-koennen-tierarzt-474003.html;abgerufenam15.1.2015);M5b: Christine Leube: Berufsbild Tierarzt/Tierärztin (online: http://www.berufe-lexikon.de/berufsbild-beruf-tierarzt-tieraerztin.htm; abgerufen am 15.01.2015).

Materialien zu T2:
M1: www.gesetze-im-internet.de/bgb/; M2: www.gesetze-im-internet.de/tierschg/; M3: Felix Mattis: Pferdesport – Dreher gewinnt Eröffnungsspringen in Doha. In: www.eurosport.com, 14.11.2014 (online: https://de.eurosport.yahoo.com/news/pferdesport-dreher-gewinnt-er%C3%B6ffnungsspringen-doha-093623178--spt.html; abgerufen am 27.01.2015); M4a: Bärbel Kleinelsen: Oppumer Gnadenhof pflegt 52 Pferde. In: www.rp-online.de, 25.10.2014 (online: http://www.rp-online.de/nrw/staedte/krefeld/oppumer-gnadenhof-pflegt-52-pferde-aid-1.4619313; abgerufen am 20.01.2015); M4b: Christianne Nölting: Nachmachen erwünscht! In: www.voll-der-norden.de, 19.07.2013 (online: http://www.voll-der-norden.de/2013/07/19/nachmachen-erwuenscht/; abgerufen am 20.01.2015); M6: Gudrun Janicke: Wenn Pferd draufsteht, wird Pferdefleisch auch gekauft. In: www.nordkurier.de, 12.02.2014 (online: http://www.nordkurier.de/brandenburg/wenn-pferd-draufsteht-wird-pferdefleisch-auch-gekauft-124988102.html; abgerufen am 20.01.2015)

Materialien zu T3:
M1: Henrik Hofmann: Der sanfte Tod: Sterbehilfe bei Tieren. In: TIERethik. Zeitschrift zur Mensch-Tier-Beziehung. Tiere töten. 6. Jahrgang 2014/1 Heft 8; M2: Ralph Hübner: Hannover: Neue Niere für Kater Maxi. In: www.neuepresse.de, 25.10.2010 (online: http://www.neuepresse.de/Hannover/Meine-Stadt/Hannover-Neue-Niere-fuer-Kater-Maxi; abgerufen am 20.1.2015); M3: Patrick Pleul: Intensivmedizin bei Haustieren wirft ethische Fragen auf. In: www.focus.de, 25.06.2012 (online: http://www.focus.de/wissen/natur/tiere-und-pflanzen/wenn-tiere-wie-menschen-behandelt-werden-intensivmedizin-bei-haustieren-wirft-ethische-fragen-auf_aid_772506.html; abgerufen am 20.01.2015); M5a: http://tierbestattungen-melzer.de/ (Text: Michael Melzer; abgerufen am 20.01.2015); M5b: Mustertext einer Trauerkarte zitiert nach: Christina Hucklenbroich: Das Tier und wir. Einblicke in eine komplexe Freundschaft. München: Karl Blessing Verlag 2014; M6: Ulrich Meyer: Ein Hundeleben im Glamour. In: www.tagesspiegel.de, 25.10.2006 (online: http://www.tagesspiegel.de/weltspiegel/moshammers-daisy-ein-hundeleben-im-glamour/767128.html; abgerufen

am 20.01.2015); M7: Hal Herzog: Wir streicheln und wir essen sie. Unser paradoxes Verhältnis zu Tieren. Aus dem Amerikanischen von Heike Schlatterer und Helmut Dierlamm. München: Carl Hanser Verlag 2012.

Materialien zu T4:
M3: Nicole Hollatz: Milchbauern in Schleswig-Holstein. In: www.ln-online.de, 22.11.2014 (online: http://www.ln-online.de/Anzeigen/Die-Wirtschaft/Milchbauern-in-Schleswig-Holstein; abgerufen am 20.01.2015); M4a: Michelle Pliquett: Milchkühe (online: http://albert-schweitzer-stiftung.de/massentierhaltung/milchkuehe; abgerufen am 24.03.2015); M5: Thünen-Institut: Wie sich Tiergerechtheit messen lässt (online: http://www.ti.bund.de/de/thema/nutztiershyhaltung-und-aquakultur/wie-tiergerecht-ist-die-nutztierhaltung/wie-sich-tiergerechtheit-messen-laesst/; abgerufen am 20.01.2015); M7: Lothar Nickels. Zitiert nach: http://www.proplanta.de/Rind/Die-heilige-Kuh-in-Indien-Wissenswertes-Rind_Tier1231230481.html; abgerufen am 20.01.2015).

Materialien zu T5:
M1: Lara Herr: Richtige Kraftpakete. In: Badische Zeitung, 13.12.2013 (online: http://www.badische-zeitung.de/schuelertexte/richtige-kraftpakete--78331369.html; abgerufen am 20.01.2015); M3: Katrin Bischoff: Kampfhund Tascha darf bleiben. In: www.berliner-zeitung.de, 11.06.2014 (online: http://www.berliner-zeitung.de/brandenburg/kind-im-wachkoma-kampfhund-tascha-darf-bleiben,10809312,27404980.html; abgerufen am 20.01.2015); M4: Andreas Bauer/Antje Buchholz: Bewährung für Kampfhund-Halter. Mit Informationen von hr-Reporter Roman Janik. In: www.hr-online-de, 05.03.2014 (online: http://www.hr-online.de/website/rubriken/nachrichten/indexhessen34938.jsp?rubrik=36082&key=standard_document_51039057; abgerufen am 20.01.2015); M5: http://de.wikipedia.org/wiki/Rasseliste#Rasseliste_des_Bundes (abgerufen am 20.01.2015); M6: http://de.wikipedia.org/wiki/Wesenstest_f%C3%BCr_Hunde (abgerufen am 20.01.2015); M7: Problemhund oder Problemmensch? Tipps von Deutschlands bekanntestem Hundeversteher. Martin Rütter im Gespräch mit Matthias Hanselmann. In: Deutschlandradio Kultur, 24.09.2010 (online: http://www.deutschlandradiokultur.de/problemhund-oder-problemmensch.954.de.html?dram:article_id=145644; abgerufen am 20.1.2015); M8: Britta Lüers: Ausgesetzt! Endstation Tierheim Krähwinkel. In: www.neuepresse.de, 04.07.2013 (online: http://www.neuepresse.de/Hannover/Brennpunkt/Ausgesetzt!-Endstation-Tierheim-Kraehenwinkel; abgerufen am 20.01.2015).

Materialien zu T6:
M1: Dieter Dormann: „Knut hat das Recht zu leben". In: www.rp-online.de, 20.03.2007 (online: http://www.rp-online.de/panorama/deutschland/knut-hat-das-recht-zu-leben-aid-1.2033519; abgerufen am 20.01.2015); M2: Goetz Hildebrandt/Kai Perret/Klaus Eulenberger/Jörg Junold/Jörg Luy: Arterhaltung kontra Individualtierschutz im Zoo. In: Deutsches Tierärzteblatt 12/2012 (online: http://www.bundestieraerztekammer.de/downloads/dtbl/2012/artikel/DTBl_12_2012_Tigerurteil.pdf; abgerufen am 20.01.2015); M3: Tierärztliche Vereinigung für Tierschutz e. V (TVT): Merkblatt 2.2 Bären (online: http://www.tierschutz-tvt.de/merkblaetter.html#c16; abbgerufen am 20.01.2015); M4: Angaben nach: Anne Gerdes/Malte Werner: Die Tierzählung. In: Die Zeit, 15.05.2014; M5: Harald Ullmann: Zoos – Gefängnisse für Tiere (online: http://www.peta.de/zoo-hintergrund; abgerufen am 20.01.2015); M6: Sebastian Mayr: „Man muss überzählige Tiere töten". In: www.faz.net, 26.03.2014 (online: http://www.faz.net/aktuell/gesellschaft/tiere-in-zoos-muessen-zur-bestandserhaltung-sterben-12865173.html; abgerufen am 20.01.2015); M7: Harald Martenstein: Über den Zoo der Zukunft, in dem keine Giraffen mehr getötet werden. In: ZEITmagazin 11/2014 (online: http://www.zeit.de/2014/11/harald-martenstein; abgerufen am 20.1.2015).

Materialien zu T7:
M1: Sabine Kaufmann: Pro und Contra Jagd. In: www.planet-wissen.de,08.08.2014(online:https://www.planet-wissen.de/sport_freizeit/jagd/geschichte_der_jagd/pro_und_contra_jagd.jsp; abgerufen am 20.01.2015); M2: Christian-A. Thiel: Der mit dem Herzen jagt. In: www.abendblatt.de, 05.04.2008 (online: http://www.abendblatt.de/vermischtes/journal/thema/article910757/Der-mit-dem-Herzen-jagt.html; abgerufen am 20.01.2015); M3: Eckhard Fuhr: Vom schwierigen Umgang mit dem Tod. In: www.jaegerstiftung.de, 19.10.2010 (online: http://jaegerstiftung.de/index.php?option=com_content&view=article&id=112&Itemid=174; abgerufen am 20.01.2015); M4: www.gesetze-im-internet.de/bundesrecht/bjagdg/; M5: Carl-Albrecht von Treuenfels: Wald gegen Wild. In: www.faz.net, 21.05.2011 (online: http://www.faz.net/aktuell/gesellschaft/umwelt/wildtierbestand-wald-gegen-wild-1640361.html; abgerufen am 20.01.2015); M6: Robert Lücke: „Befriedigung der Mordlust". In: www.sueddeutsche.de, 17.05.2010 (online: http://www.sueddeutsche.de/wissen/streit-um-die-jagd-befriedigung-der-mordlust-1.490805; abgerufen am 20.01.2015).

Materialien zu T8:
M2: Hilal Sezgin: Artgerecht ist nur die Freiheit. Eine Ethik für Tiere oder Warum wir umdenken müssen. München: C.H. Beck 2014; M3: Peter Gruss: Verantwortungsvolle biomedizinische Forschung kann auf Tierversuche nicht gänzlich verzichten. Die Einführung eines Verbandsklagerechts für Tierschutzvereine ist für die Gewährleistung eines umfassenden Tierschutzes in Deutschland nicht erforderlich. Stellungnahme des MPG-Präsidenten Peter Gruss (online: http://www.mpg.de/4311860/Tierschutz; abgerufen am 20.01.2015); M4: Stiftung für das Tier im Recht (TIR): Konzept der 3 R (online: http://www.tierschutz.org/tierschutz/problembereiche/versuchstiere/alternativmethoden/konzept3r.php; abgerufen am 20.01.2015); M5: Corina Gericke: Forschung ohne Tierleid (online: http://www.aerzte-gegen-tierversuche.de/de/infos/tierversuchsfreie-forschung/110-forschung-ohne-tierleid; abgerufen am 20.01.2015); M6: Arbeitsgemeinschaft der Tierbeauftragten in Baden-Württemberg (ATBW): Töten von Versuchstieren (online: http://www.uni-giessen.de/tierschutz/4125.htm; abgerufen am 20.01.2015); M7: Dieter Birnbacher: Können medizinische Affenversuche ethisch gerechtfertigt werden? In: Dossier Bioethik, 19.12.2013, hrsg. von der Bundeszentrale für politische Bildung (online: http://www.bpb.de/gesellschaft/umwelt/bioethik/175479/koennen-medizinische-affenversuche-ethisch-gerechtfertigt-werden; abgerufen am 20.01.2015).

Begriffsglossar:
Definitionen nach: Bibliographisches Institut & F. A. Brockhaus AG: Der Brockhaus multimedial premium 2007 (DVD-Rom); http://www.greatapeproject.de/; http://www.jagd.de, http://www.jagd-wiki.org, www.wikipedia.de.